Bornemanns

Neue Briefmacken

Bornemanns Neue Briefmacken

SUBITO!

Für Jochen Piepmeyer,
mit dem ich bereits viele Projekte gemeinsam verwirklicht habe,
der an diesem Buch mitgewirkt hat

in der Baumhaus Verlag GmbH
Frankfurt am Main

ISBN 3-8339-4500-1

Herstellung: FredManStudio

Printed in Germany

Gesamtverzeichnis schickt gern:
SUBITO!
Juliusstraße 12, D-60487 Frankfurt am Main
http://www.subito-verlag.de

5 4 3 2 1 06 07 08 09 2010

Inhalt

Vorwort

Bornemann war weg!

Deutschlands berühmtester Briefschreiber, dessen verrückte Korrespondenz stets ganz oben in den Bestsellerlisten landete, war unauffindbar verschwunden.

In den Briefkästen langweilten nun wieder überhöhte Rechnungen, öde Werbung oder bornierte Urlaubsgrüße unliebsamer »Freunde«. Viele Talkshows wurden plötzlich bierernst und dümpelten leblos vor sich hin, weil Bornemanns angestammter Platz leer blieb. RTL musste nach 40 Folgen »Bornemanns Nähkästchen« einstellen, weil sich der Autor in Luft aufgelöst zu haben schien.

Nun, nach einigen Jahren finstersten, humorlosesten Briefverkehrs wundern sich plötzlich überall in Deutschland und auf der Welt verunsicherte Briefempfänger über seltsame Post. Und es dauert bis manchem dämmert:

Bornemann ist wieder da!

Der Meister der Tarnung, von dem viele behaupten, er sei der heimliche Flaschenpostkönig der Südsee gewesen – wieder andere schwören, ihn faulenzend in Madagaskar gesehen zu haben –, hat sich jedenfalls prächtig erholt. Mit neuer Adresse und frischen Pseudonymen zieht er seine Briefpartner in ein köstliches Spiel um fantastische Verrücktheiten, irre Illusionen und skurrilen Schabernack.

So ist höchste Vorsicht geboten, wenn Briefe unterzeichnet sind von

Giselda v. Große-Tytten

Maik Mrdovic

Nikolaus Hohenlohe

oder auch ganz schlicht mit

Wolfgang Amadeus Mozart

Bells Angels Rocker

Bund der Perspektivlosen …

Und Empfänger von Bornemanns Briefen kann jeder sein: der Gefängnisdirektor, in dessen Anstalt eine attraktive Frau Mördern Märchen vorlesen will, der prominente CDU-Politiker, der sich für Ganzkörper-Tattoos entschuldigen muss, der Bundesminister, der von einem berühmten Maler beim Mittagsschlaf porträtiert werden will.

Oder wie soll nur die arme Äbtissin eines Nonnenklosters reagieren, wenn sich ihr ein Bodybuilder als Aktmodell anbietet? Was soll der CSU-Mann antworten, wenn er von »Macho Germany – nur Tunten knien unten« um ein Grußwort für ein Jahrestreffen angehauen wird?

Radiosender wundern sich über stänkernde Omas, die mehr Rockmusik hören wollen und führende Kunstakademien über Professur-Bewerbungen des bisherigen Innenausstatters der Aldi-Filialen.

Manche Empfänger durchschauen das Spiel und lassen sich augenzwinkernd darauf ein, andere verschanzen sich hinter Formalien oder machen auf »Toter Mann«. Manche bleiben cool (»Wir können leider von ihrem Angebot keinen Gebrauch machen.«, einige wiederum sind hoch interessiert (»Bitte sagen Sie uns genau, in welchem Beichtstuhl Sie vom Pfarrer betrogen wurden.«) und wiederum andere pöbeln lieber gleich kräftig los (»Sie sind bestimmt einer von diesen langhaarigen Nikotinkrücken, die von der Stütze leben.«).

Im Briefkasten rappelts also wieder!

Bornemann meldet sich zurück, schräge Briefe im Gepäck. Ein Schock für die Betroffenheits-Literatur. Deutschland hat endlich wieder was zu lachen. Und das gleich im Doppelpack: Denn mit diesem Band erscheint gleichzeitig das große BEST OF BORNEMANN für alle, die noch Freude am Leben und am Lesen haben. Und noch ein kleiner Tipp: mehr über diesen Briefverkehr und andere absurd-komische Köstlichkeiten gibt's auch fett im Internet unter www.briefmacker.de und www.subito-verlag.de

Loslachen und Kopfschütteln erwünscht!

Jochen Piepmeyer

Giselda v. Grosse-Tytten geb. Comini

Mitglied der kath. Frauengemeinschaft Osnabrück
urkundlich seit 1217

Herrn Erzbischof
Dr. Alois Kothgasser
Kapitelplatz 2

A 5020 Salzburg

7.5.2004

Sehr geehrte Eminenz,

kürzlich besuchte ich das mir fremdartige Österreich und besichtigte dabei eines der vielverzierten Gotteshäuser Ihrer Diözese.
Die ganze Pracht erschlug mich und ich verspürte einen plötzlichen Drang zur Beichte.

Im Beichtstuhl habe ich mich erleichert und gestanden, das Finanzamt vor Jahren um 35 Euro betuppt zu haben. Ich wurde belehrt, dass ich deswegen Buße und Abbitte zu leisten habe und zwar in dreifacher Höhe. So hat mich der Beichtvater an Ort und Stelle zu 105 Euro verdonnert, die ich gleich als Röllchen durch das kleine Fenster zu schieben hatte. Angeblich war das Geld für den Klingelbeutel bestimmt.

Meine Frage an Eure Gnaden: Ist der verlangte Betrag nicht zu hoch? Bis zu einer Zahlung von 50 Euro hätte ich ja nichts gesagt - aber 105 Euro? Bei uns in Norddeutschland wäre ich bestimmt mit ein paar Zusatzgebeten oder zwei Rosenkränzen davongekommen. Euer Bußgeldkatalog verdient eine öffentliche Diskussion.

Trotzdem grüße ich Sie demütig

G. v. G.- Tytten

Lipper Kamp 29-31 49078 Osnabrück
Familiensitz: Via Dolomiti 39034 Dobbiaco - Dolomiti Alto Adige Italia

Giselda v. Grosse-Tytten an Erzbischof: Abzocke im Beichtstuhl?

DER ERZBISCHOF
VON SALZBURG

Salzburg, am 12.05.2004

Frau
Giselda von Grosse-Tytten
Lipper Kamp 29-31
D-49078 Osnabrück

Sehr geehrte Frau Giselda von Grosse-Tytten!

Vielen Dank für Ihren Brief vom 7.5.2004. Die Vorgangsweise des Beichtvaters, wie Sie sie schildern, hat mich sehr verwundert. Erstens ist der verlangte Betrag eindeutig zu hoch, zweitens hat der Beichtvater nicht das Recht, das Geld gleich vor Ort und noch dazu im Beichtstuhl einzufordern. Ich möchte gerne wissen, in welchem Ort und bei welchem Beichtvater dies vorgekommen ist, falls es möglich ist, dies zu erfahren. Vielen Dank, dass Sie mich auf dieses Ereignis hingewiesen haben.

Mit den besten Wünschen für ein gesegnetes Pfingstfest

Ihr

+ Alois Kothgasser
Erzbischof

Antwort von Erzbischof Kothgasser: Verwunderung pur

ÖSTERREICHISCHES
PASTORALINSTITUT

A-1010 Wien, Stephansplatz 3/3
Tel.: 01/51 552-3751 und -3752, Fax -3755
e-mail: oepi@utanet.at
DVR-0029874(029)

27. Mai 2004

Frau
Giselda v. Grosse - Tytten
Lipper Kamp
D-49078 Osnabrück

Sehr geehrte Frau von Grosse - Tytten!

Ihr Brief bezüglich Ihres „Beicht Erlebnisses" wurde an mich weitergeleitet – und erfüllt mich mit Erstaunen. Denn die Vorgangsweise Ihres „Beichtvaters" ist völlig unüblich. Es gibt keinen „Bußgeldkatalog", sodass der „Beichtvater" selbst entschieden hat, in dieser bestimmten Form eine „Buße" einzufordern, was mir äußerst merkwürdig erscheint.

Ich möchte dieser Sache nachgehen und bitte Sie daher um nähere Informationen, wann und wo Ihnen dieses „Beichterlebnis" widerfahren ist. Eventuell ist Ihnen auch etwas beim „Beichtvater" aufgefallen (z.B. ein Akzent...).

Anschließend kann ich dies an die zuständige Diözese wegen einer weitere Klärung übergeben.

Ihnen wünsche ich Gottes Segen
und übermittle Ihnen meine herzlichen Grüße

Dr. Walter Krieger

Dr. Walter Krieger
(Generalsekretär)

Initiative Politiker- Leasing

Geschäftsstelle: Lipper Kamp 29 49078 Osnabrück

Presse-und Informationsamt der Bundesregierung
Dorotheenstr. 84

10117 Berlin

25.5.2004

Betr.: **Asiatische Leihpolitiker für Deutschland**

Sehr geehrte Damen und Herren ,

wir möchten Sie von der Gründung unserer Initiative unterrichten.
Dem Aufruf zur Mitarbeit sind seit Jahresbeginn 240 Tausend Menschen gefolgt. Die Zahl der Sympathisanten liegt nach Infratest bei 78 % der Bevölkerung.

Alle in unserem Land wissen, dass ein Umbau der Gesellschaft zwingend nötig ist. Viele sind auch zu Veränderungen bereit, aber eben nicht alle, wie z. B. die Mitglieder der Bundesregierung und sämtlicher Landesregierungen.
Kanzler, Ministerpräsidenten und alle Minister haben immer noch nicht begriffen, dass sie für die Bevölkerung nicht mehr bezahlbar sind. Wir können uns diesen ganzen Aufwand nicht mehr leisten!

Nicht, dass die erbrachte Regierungsarbeit völlig überflüssig wäre, sie muss nur **modernisiert** werden!

Hierfür haben wir eine fähige, absolut kompetente Regierungsmannschaft **aus Bangladesch** rekrutiert. Alle Mitglieder dieser neuen Regierung sind unter 35 J. alt, top ausgebildet, genügsam und gute Fahrradfahrer.
Sie gehören zu einer Service-Agentur und können billigst geleast werden.

Unterstützen Sie uns beim kostendämpfenden Regierungswechsel?

Mit freundlichen Grüßen

(W. Bornemann)

Tel. 0541-4430061 email: borneconsult@web.de St.Nr. 63/432/07856
Bankverbindungen: Sparkasse Osnabrück 1633265438 (BLZ: 265 501 05)
Postbank Hannover 7456-654 (BLZ: 250 100 30) Gerichtsstand: Osnabrück

Presse- und Informationsamt der Bundesregierung

Dr. Rainer Sontowski
Leiter der Abteilung
Presse- und Öffentlichkeitsarbeit

HAUSANSCHRIFT Dorotheenstr. 84, 10117 Berlin
POSTANSCHRIFT 11044 Berlin

TEL +49 (0)1888 272-3100
FAX +49 (0)1888 272-3105
E-MAIL Rainer.Sontowski@bpa.bund.de

POSTANSCHRIFT Presse- und Informationsamt der Bundesregierung, 11044 Berlin

Initiative Politiker-Leasing
Herrn Winfried Bornemann
Lipper Kamp 29
49078 Osnabrück

BETREFF **Asiatische Leihpolitiker für Deutschland**

BEZUG Ihr Schreiben vom 25.5.2004
DATUM 23.06.2004

Sehr geehrter Herr Bornemann,

haben Sie freundlichen Dank für Ihr Schreiben vom 25. Mai 2004, indem Sie anbieten, einen kostendämpfenden Regierungswechsel durch asiatische Leihpolitiker für Deutschland zu ermöglichen.

Natürlich ist die Bundesregierung immer erfreut, wenn sich die Bürgerinnen und Bürger Gedanken darüber machen, wie die Arbeit der Bundesregierung kostengünstig und effizient erledigt werden kann. Sie wissen aber auch, dass unter Kostengesichtspunkten immer die Regierung die kostengünstigste ist, die möglichst lange im Amt bleibt. Die Bundesregierung wird daher alles in ihrer Kraft stehende tun, in Ihrem Sinne zu wirken und auch nach der nächsten Bundestagswahl im Amt zu bleiben.

Mit freundlichen Grüßen
Im Auftrag

BELLS ANGELS

ROCKER

Chirurgen-Sektion

Stadthalle Rostock
Südring 90

18059 Rostock

Sehr geehrte Damen und Herren,

Die Bells Angels International haben sich nach mittelalterlichem Vorbild in Berufszweige (Zünfte) gegliedert und nicht mehr in nationale Abteilungen.

Unsere Sektion z.B. besteht ausschließlich aus Chirurgen aus aller Welt die temporär dem Standesbild entfliehen wollen. Zugegeben, wir sind Haudraufs, Krachmacher und Verächter bürgerlicher Normen, aber als Doktoren oder Professoren allesamt Kapazitäten.

Bei unseren Treffen gibt es gelegentlich Kleinholz- aber wir sind stets gut versichert.

Vom 7. – 12. November nächsten Jahres möchten wir Ihr Haus mieten und mal anständig einen loslassen.

Auf den beiliegenden Fotos sehen Sie in etwa, dass wir einfach coole Ärzte sind.

Mit der Bitte um Terminbestätigung
und freundlichen Grüßen

Hohenlohe

(Prof. Dr. Hohenlohe)

LIPPER KAMP 29 49078 OSNABRÜCK GERMANY

STADTHALLE ROSTOCK | HanseMesse
Exhibition Center Rostock · Germany

Rostocker Messe- und Stadthallengesellschaft mbH · Südring 90 · D-18059 Rostock

Herrn
Prof. Dr. Hohenlohe
Lipper Kamp 29
49078 Osnabrück

Rostock, 16.04.2004

Anfrage vom 06.04.2004

Sehr geehrter Herr Professor Hohenlohe,

schön das Sie uns entdeckt haben und wir Ihr Interesse an unserem Hause geweckt haben.

Gern hätten wir telefonisch mit Ihnen Kontakt aufgenommen, um weitere Informationen über Ihre geplante Veranstaltung zu erhalten. Recherchen im Internet und Telefonbuch haben leider keinen Erfolg gehabt. Somit wären wir Ihnen sehr verbunden, wenn Sie uns nähere Informationen zu Ihrer Veranstaltung, zu Ihrem Unternehmen und Ihren Unternehmungen zusenden können.
Bitte teilen Sie uns auch Ihre vollständigen Kontaktdaten wie Telefonnummer, Telefax und email mit, damit wir „grenzenlos“ kommunizieren können.

Damit Sie eine erste Vorstellung von unseren Möglichkeiten erhalten, senden wir Ihnen in der Anlage den Prospekt der Stadthalle Rostock zu. Aus dieser Broschüre können Sie eine Reihe von weiteren Information und Eindrücken über unser Leistungsspektrum entnehmen. Weiterhin verweisen wir auf unsere Internetseite www.stadthalle-rostock.de .

Wir wünschen Ihnen ein erholsames Wochenende
und verbleiben mit freundlichen Grüßen aus Rostock

Marion Sandig
Verkaufsleiterin

Rostocker Messe- und Stadthallengesellschaft mbH
Südring 90 · D-18059 Rostock ▪ fon: (0381) 44 00-0 · fax: (0381) 44 00-200 ▪ kontakt@stadthalle-rostock.de · www.stadthalle-rostock.de
Bankverbindungen: Deutsche Bank AG · BLZ 130 700 00 · Kto.-Nr. 118 30 45 ▪ OstseeSparkasse Rostock · BLZ 130 500 00 · Kto.-Nr. 230 002 277
Geschäftsführerin: Petra Burmeister ▪ Amtsgericht Rostock HRB 1516 · USt-IdNr. DE 137382538

Giselda v. Grosse-Tytten geb. Comini

Mitglied der kath. Frauengemeinschaft Osnabrück
urkundlich seit 1217

An seine Heiligkeit
den Papst Johannes Paul II
Vatikan Stadt

Vatikan

Eure Heiligkeit,

wir sind der gleiche Jahrgang und oft beschäftige ich mich mit religiösen Fragen. Immer wieder kommen mir Zweifel am christlichen Glauben.
Ich frage mich, wie es wohl dem höchsten Repräsentanten der Kirche gelingt, seinem Glauben immer treu zu bleiben. Habt Ihr noch nie Zweifel an der christlichen Lehre gehabt?

Habt Ihr mal darüber nachgedacht, wenn Ihr in Tibet geboren wäret, ob Ihr heute ein buddhistischer Mönch wäret? Oder wenn Ihr aus Saudi Arabien kämet, wäret Ihr vielleicht heute ein islamischer Muezzin?

Es sind viele Fragen, wie gern hätte ich eine Antwort!

Mit guten Wünschen für Ihre Gesundheit

G. v. Grosse-Tytten

Lipper Kamp 29-31 49078 Osnabrück
Familiensitz: Via Dolomiti 39034 Dobbiaco - Dolomiti Alto Adige Italia

STAATSSEKRETARIAT

ERSTE SEKTION
ALLGEMEINE ANGELEGENHEITEN

Aus dem Vatikan, am 10. Mai 2004

Sehr geehrte Frau Grosse-Tytten!

Gerne bestätige ich Ihnen den Erhalt Ihres Schreibens vom April d. J., mit dem Sie sich in persönlichen Fragen an den Heiligen Vater wenden. Seine Heiligkeit hat mich beauftragt, Ihnen in seinem Namen zu antworten und für dieses Zeichen Ihrer Verbundenheit mit dem Nachfolger Petri und seinem Apostolischen Dienst aufrichtig zu danken.

Der Allmächtige Gott will, daß alle Menschen gerettet werden (vgl. *1 Tim* 2, 4). In seinem unergründlichen Heilswillen hat er uns Christen zur Gemeinschaft der Glaubenden in seine Kirche, das sichtbare Sakrament des Heils, berufen. Der Glaube ist zunächst ein Geschenk Gottes, wofür wir ihm unseren Dank schulden. „Dieser Glaube kann nicht vollzogen werden ohne die zuvorkommende und helfende Gnade Gottes und ohne den inneren Beistand des Heiligen Geistes, der das Herz bewegen und Gott zuwenden, die Augen des Verstandes öffnen und es jedem leicht machen muß, der Wahrheit zuzustimmen und zu glauben“ (II. Vatikanisches Konzil, Konstitution über die Göttliche Offenbarung *Dei Verbum*, 5). Glauben ist zugleich ein wahrhaft menschlicher Akt, der weder der Freiheit noch dem Verstand des Menschen widerspricht, wenn er Gott Vertrauen schenkt und den von ihm geoffenbarten Wahrheiten zustimmt. Diese können zwar der menschlichen Vernunft und Erfahrung dunkel erscheinen, aber die Gewißheit durch das göttliche Licht ist größer als die Gewißheit durch das Licht der natürlichen Vernunft (vgl. *Katechismus der Katholischen Kirche*, 154 und 157). Der Glaubende sucht daher, den besser zu erkennen, in den er seinen Glauben setzt, und das von ihm Geoffenbarte besser zu verstehen. So weiß er sich auch in der „Nacht des Glaubens“ und in den harten Proben, auf die sein Glaube gestellt wird, in Gott geborgen. Für ein Leben aus dem Glauben ist es unerläßlich, den Glauben durch das Wort Gottes zu nähren, und den Herrn zu bitten, diesen zu mehren, sowie im Glauben der Kirche, der dem eigenen Glauben vorausgeht, verwurzelt zu sein.

Papst Johannes Paul II. ermutigt Sie, sich im Gebet stets dem Herrn anzuvertrauen und ihn um die Gnade eines beständigen und fruchtbaren Glaubens zu bitten. Dazu erteilt Seine Heiligkeit Ihnen und allen, die Ihnen nahestehen, von Herzen den Apostolischen Segen.

Mit besten persönlichen Wünschen

Gabriel Caccia

Msgr. Gabriel CACCIA
Assessor

Frau
Giselda von Grosse-Tytten
Lipper Kamp 29
D – 49078 OSNABRÜCK

Macho Germany

Nur Tunten knien unten

- DER PRÄSIDENT -

Erwin Huber
Bayrische Staatskanzlei
Franz Josef Strauß-Ring 1

80539 München

16.4.2004

Lieber Erwin Huber ,

wir haben den Eindruck, dass Du noch zu den echten Kerlen zählst und wie wir das Gelaber von diesen ganzen Weicheiern satt hast.

Also gehörst Du zu uns! Bei MACHO GERMANY gibt`s keine Beiträge oder so`n Käse.

Diesen Monat wollen wir unser Jahrestreffen in Koblenz vorbereiten und alle Infos dazu ins Netz stellen. Von Dir wollen wir nur ein kurzes Grußwort. Wenn Deine Zeit zu knapp ist, formulieren wir das in Deinem Namen auch gern selbst, O.K.?

Mach`s gut!

(W. Hornemann)

Macho Germany   Lipper Kamp 29   49078 Osnabrück   Fax: 0541-4430061

26.APR.2004 18:59 BAYER.STK BUERO STM 089/21652155 NR.670 S.1

Bayerische Staatskanzlei

Leiter des Büros von Staatsminister Erwin Huber

Bayerische Staatskanzlei · 80535 München

Per Telefax

Herrn
W. Hornemann
Lipper Kamp 29

49078 Osnabrück

Ihre Nachricht	Unser Zeichen, unsere Nachricht vom	München, 26.04.2004
	LBStM	Durchwahl: (089) 21 65 - 2377

Sehr geehrter Herr Hornemann,

Staatsminister Erwin Huber hat Ihr Schreiben erhalten, mit dem Sie das Jahrestreffen Ihres Vereins „Macho Germany" ankündigen.

Herr Staatsminister wird der Veranstaltung kein Grußwort zur Verfügung stellen. Eine Erwähnung seines Namens in Zusammenhang mit der Veranstaltung bzw. mit „Macho Germany" ist nicht zulässig.

Mit freundlichen Grüßen

Andreas Preising

Telefon: (089) 21 65 - 0
Telefax: (089) 21 65 - 2155

e-mail: andreas.preising@stk.bayern.de
Internet: www.bayern.de

Franz-Josef-Strauß-Ring 1
80539 München

Antwort aus der Staatskanzlei: Glasklare Absage!

Winfried Bornemann

Lehrer

[redacted]

Lieber Amtsleiter,

diese Anfrage ist mir sehr peinlich, aber bei mir zu Hause herrscht momentan so ein Chaos, dass ich nichts mehr wiederfinde. Nun suche ich schon seit Tagen meine Einkommenssteuer Erklärung und die Belege. Jetzt kommt grade meine kleine Tochter ins Zimmer. Was [redacted] da? Hat die Wachsmalstifte in der Hand? zu spät

[redacted]

Haben Sie zufällig [redacted]klärung gekriegt?

Mit freundlichen Grüßen

W. Bornemann

Also nochmal kurz:
Haben Sie meine
Steuererklärung
schon erhalten
oder nicht?!

vielleicht hab ich sie auch noch gar nicht ausgefüllt!

Finanzamt Osnabrück–Stadt * Postfach 19 20 * 49009 Osnabrück

Finanzamt Osnabrück–Stadt

Herrn
Winfried Bornemann
Lipper Kamp 29

49078 Osnabrück

Bearbeitet von	ZiNr.
Frau Igelbrink	241

Ihr Zeichen, Ihre Nachricht vom	Mein Zeichen (Bei Antwort angeben)	Durchwahl (0541) 354 –	Osnabrück
	66/105/07450	427	13. April 2004

Einkommensteuererklärung

Sehr geehrter Herr Bornemann,

Ihre Einkommensteuererklärung 2002 ist am 08. Oktober 2003 eingegangen. Ein Bescheid wurde am 19. Januar 2004 an Ihre Empfangsbevollmächtigte Frau Hermine Engelhardt abgesandt. Für das Kalenderjahr 2003 liegt dem Finanzamt Osnabrück–Stadt bislang noch keine Einkommensteuererklärung vor.

Mit freundlichem Gruß

Igelbrink

(Igelbrink)

Dienstgebäude
Süsterstraße 46/48
49074 Osnabrück

Telefon
(0541) 354 – 0
Telefax
(0541) 35 43 12

E–Mail: Poststelle@fa–os–s.niedersachsen.de

Internet: www.ofd.niedersachsen.de

Sprechzeiten
Mo. – Fr. 9.00 – 12.00 Uhr Do. 14.00 – 15.30 Uhr

Überweisung an
Deutsche Bundesbank Fil. Osnabrück (BLZ 265 000 00) Konto 265 015 00
IBAN: DE83 2650 0000 0026 5015 00; BIC: MARKDEF1265
Sparkasse Osnabrück (BLZ 265 501 05) Konto 19 000

Antwort vom Finanzamt: Bescheid erteilt

Winfried Bornemann

Hobbychirurg

Beiratsmitglied der deutschen Gesellschaft für Do-it-yourself Chirurgie

Dr. med.D.Stegmann
Waldstr.93

49808 Lingen

9.6.2004

Sehr geehrte Kollege Dr. Stegmann ,

ich habe in den Jahren 1980-1990 erfolgreich als Hobbychirurg gearbeitet und so manche Operation im engeren Bekanntenkreis durchgeführt. Vielleicht erinnern Sie sich auch noch an das Operationsbesteck für Camping und Freizeit, das ich 1995 nach anfänglicher Skepsis einiger Kollegen auf den Markt gebracht habe und das sich heute längst durchgesetzt hat. Doch wem sage ich das?

In den folgenden Jahren habe ich schwerpunktmäßig Radtouren im Münsterland und im Vorharz unternommen, habe medizinische Kriminalromane verschlungen. Bis auf eine schlichte Gallenoperation im Partykeller unseres Nachbarn habe ich Skalpell, Mundschutz und Tupfer ruhen lassen.

Die Diskussion um die Gesundheitsreform und Kürzungen im Gesundheitsbereich haben mich allerdings aus dem selbst gewählten operativen Vorruhestand zurück an die chirurgische Front gebracht. Meine letzten ärztlichen Jahre will ich der Schönheitchirurgie widmen. Es steht die erste Nasenkorrektur (Boxernase) im Freundeskreis vor der Tür. Da ist neben dem fachlichen Können auch Stil, Wellness und Ambiente gefragt. Diese OP möchte ich nicht bei mir in der ausgebauten Garage durchführen.

Deshalb meine eindringliche Bitte: Können Sie mir für etwa zwei Stunden Ihren Operationssaal überlassen?
Haben Sie evtl. auch einen lasergesteuerten Tacker für mich, damit ich eine exakte Naht hinkriege? Bin ich eigentlich durch Sie versichert?

Mit kollegialen Grüßen

Lipper Kamp 29 49078 Osnabrück Fax: 0541-4430061

Gleisanschluss für Liegendkranke

Dr. med. D. Stegmann **Waldstraße 93**
49808 Lingen

Herrn
Winfried Bornemann
Lipper Kamp 29

49078 Osnabrück

Lingen, den 11.06.04

Betr.: Ihr Schreiben vom 09.06.04

Sehr geehrter Herr Bornemann,

komme nach 14-Stunden-Arbeitstag nach Hause und gebe meiner Frau Ihr Geschreibsel: „Schau doch mal nach, was das für'n Spinner ist…". Sie, nachdem sie den Brief überflogen hat: „Muss ich doch gar nicht, ist bestimmt ein Lehrer mit ein paar Stündchen, vielleicht Handarbeiten und Soziologie, langhaarig, Nickelbrille, Nikotinkrücke – eben ein ganz Toller, kriegt genug Stütze - bei dem Papier!".

Die Homepage ist schnell gefunden – auweia, Vorurteile bestätigt!

Mit freundlichem Gruß

Antwort von Dr. Stegmann: Auweia!

Winfried Bornemann

Hobbychirurg

Beiratsmitglied der deutschen Gesellschaft für Do-it-vourself Chirurgie

Dr. Dieter Stegmann
Waldstr. 93

49808 Lingen

16.6.2004

Sehr geehrter sympathischer Kollege Stegmann ,

herzlichsten Dank für Ihre humorvollen Zeilen. Darauf muss man erst mal kommen nach einem 14 Stunden Tag auf dem Golfplatz. Mein Lachbearbeiter und auch meine Frau meinten übereinstimmend: „Bestimmt ein Mensch im weißen Kittel, mit Röntgenblick und roter Nase.“

Einige wichtige Fragen allerdings bleiben unbeantwortet:

a. wann kann ich kommen?
b. bin ich durch Sie versichert?
c. haben Sie einen lasergesteuerten Tacker?

Mit den wärmsten Grüßen auch an die Frau Doktor gebe ich zurück in die angeschlossenen Funkhäuser.

Ich jedenfalls freue mich auf unsere Zusammenarbeit

P.S. Von wegen langhaarige Nikotinkrücke: die beigefügten Bilder sprechen eine andere Sprache, oder?

Lipper Kamp 29 49078 Osnabrück Fax: 0541-4430061

Gleisanschluss für Liegendkranke

Mon, 27. Sep 2004 22:28 Uhr

Von: Stegmann-Lingen <Stegmann-Lingen@t-online.de>
An: <wibornemann@t-online.de>
Datum: Sonntag, 26. September 2004 21:37 Uhr
Betreff: Immer noch auf der Suche nach einem OP-Saal?

Sehr geehrter, ebenfalls sympathischer Kollege Bornemann,

nach einem langen Sommer des Nichtstuns (typ. für Chirurgen!), der Muße und der Erholung, finde ich mal
wieder
ein paar Minuten Zeit für eine sinnvolle und anspruchsvolle Tätigkeit.
Zur Frage des Operationsraumes: Hätte ich schon, sogar 2, aber leider keinen lasergesteuerten Tacker!
Aber
bisher bin ich mit Pattex immer ganz gut gefahren!
Da ich in den nächsten Monaten vorhabe, wegen Reichtums meine Tätigkeit als hoffnungsloser Chirurg
einzu-
stellen, hätte ich einen m.E. phänomenalen Vorschlag, um einen imprägnanten und publikumswirksamen
Abgang
zu erzielen: Wir, Sie und ich, führen eine Schow- OP, evtl. vor Publikum, durch. Einer den Anderen! Irgend
etwas, da habe ich keine
Bedenken, wird sich schon an uns finden lassen zu operieren. Bei Ihnen müsste ich allerdings die vielen
mitge-
sandten Photos nochmals genauer überprüfen, allerdings haben Sie ein Mitspracherecht! Betr. meine
Person
müsste ich zuerst meine Frau fragen.
Sicherheitshalber schlage ich aber vor, daß zuerst ich Sie operiere, man kann ja nie genau wissen!
Vielleicht
erübrigen sich danach alle weiteren Fragen wie z.B. ob Sie durch mich versichert sind. Einverstanden?
Man müßte, sicherheitshalber prae-op, nur noch klären , welchem guten Zweck die erzielten Einnahmen
zuge-
führt werden sollen, evtl. hinterbliebenen Chirurgen-Witwen?
Einverstanden?
Übrigens: Operiert wird hier täglich von 12 Uhr- 15 Uhr , am Donnerstag von 8 Uhr- 15 Uhr und manchmal
morgens
von 7 Uhr- 8 Uhr. Sie können sich schon einmal darauf einstellen.
Bin mal gespannt, wer überlebt,

bis dahin

D. Stegmann

PS: Von wegen weißer Kittel, Röntgenblick und rote Nase! Weit gefehlt!!! Ganz anders! Bild folgt
irgendwann einmal.

Seite 1 von 1

BUND DER PERSPEKTIVLOSEN

Geschäftsstelle: Lipper Kamp 29   49078 Osnabrück

1. Vorsitzender: Winfried ~~B~~ornemann

Frau
Nina Ruge
ZDF
ZDF Straße 1

85774 Unterföhring

Sehr geehrte Frau Ruge,   26.4.2004

alles ist trist und trübe, alles geht vor die Hunde.

Doch der Zustrom zu unserem Verband bedrückt uns am meisten. Was 1998 mit knapp 1oo Traurigen begann, sprengt jetzt mit über 200 Tausend Mitgliedern unsere Möglichkeiten. Viele hocken hier im Büro rum und haben Angst vor dem nächsten Tag.

Unsere ohnehin schon schlappe Kraft neigt sich dem Ende entgegen.

Uns ist aufgefallen, dass Sie in letzter Zeit auch ziemlich durchhängen, man erkennt sich halt.

Würden Sie nicht ein wenig Trost darin finden, mit Gleichgesinnten eintönige Büroarbeit zu verrichten, die Lottoscheine abzuheften und anderen verzagten Seelen etwas Halt zu geben?

Besuchen Sie uns auf ein Glas naturtrüben Apfelsaft oder eine Tasse Hagebuttentee? Aber spielen Sie um Himmels willen nicht den Gutgelaunten, das können wir überhaupt nicht ertragen!

Wann kommen Sie?

Mit verständnisvollen Grüßen

(~~B~~ornemann)

P.S. Da wir in zwei Wochen mit anderen schlaffen Mitgliedern zufällig in Ihrer Nähe sind, schleichen wir mal kurz bei Ihnen rei

Tel. 0541-4430061   email: borneconsult@web.de
St.Nr. 63/432/07856   Gerichtsstand Osnabrück
Bankverbindungen:
Sparkasse Osnabrück   1633265438   (BLZ: 265 501 05)
Postbank Hannover   7456-654   (BLZ: 250 100 30)

Sponsoren: 1.FC KOLN. VFL OSNABRUCK,

Zweites Deutsches Fernsehen
Anstalt des öffentlichen Rechts

ZDF-Straße 1
85774 Unterföhring
b. München

ZDF • Postfach 1245 - 85766 Unterföhring b. München

Redaktionsleitung „Leute heute"
Peter Zock

Bund der Perspektivlosen
Herr W. Hornemann
Lipper Kamp 29

49078 Osnabrück

Ihr Zeichen und Tag	Unser Zeichen	Telefon Durchwahl	Datum
		089 – 99 55 18 10	05.05.2004

Ihr Schreiben vom 26. April 2004

Sehr geehrter Herr Hornemann,

haben Sie vielen Dank für Ihr Schreiben an Frau Nina Ruge, welches zuständigkeitshalber an mich weitergeleitet wurde.

Ich verstehe Ihren Brief als eine humorvolle Betrachtung der momentanen gesellschaftlichen Situation in Deutschland. Und wenn es so ist, dass Ihr Bund inzwischen tatsächlich 2.000.000 Mitglieder hat, so beglückwünsche ich Sie und Ihre Kollegen zu dieser erfolgreichen Bündelung von sicher sehr unterschiedlichen Einzelinteressen. Ich wünsche Ihnen daher bei der Umsetzung Ihrer Ziele und Vorstellungen viel Erfolg. Worin jedoch Ihre Perspektivlosigkeit und die der Anderen liegt, geht aus dem Schreiben nicht hervor.

Von einem Besuch in der Redaktion bitte ich Sie allerdings abzusehen. Sie würden enttäuscht sein, da der Zutritt auf das Gelände Unbefugten verwehrt wird.

Mit freundlichen Grüßen

Peter Zock
(Redaktionsleitung)

Telefon +49(0)89-9955-1810
Telefax +49(0)89-9955-1813
e-mail zock.p@zdf.de

Antwort der ZDF-Redaktion: Bitte kein Besuch!

Giselda v. Grosse-Tytten geb. Comini

Mitglied der kath. Frauengemeinschaft Osnabrück
urkundlich seit 1217

Redaktion frau aktuell
Postfach 102455
40015 Düsseldorf

3.5.2004

Sehr geehrte Frau Flach,

in meiner Not wende ich mich mit einer großen Last an Sie.

Seit vielen Jahren weiß ich, dass ich kraft meiner Gedanken Stromausfälle produzieren kann. Was zunächst in kleineren Räumen zum Zerspringen von Glühbirnen führte, findet seit einigen Jahren in großem Stil statt. Es sind immer böse Gedanken von mir Auslöser für Stromausfälle. Viele Zugverspätungen in Deutschland und Frankreich gehen auf mein Konto!

Ich muss mich endlich anderen öffnen, um seelisch befreit zu werden. Bisher habe ich immer wegen Schadenersatzforderungen geschwiegen. Aber nun muss auch das noch raus: Letztes Jahr war ich in New York. Da hatte ich sehr böse, sündige Gedanken. Erinnern Sie sich an die Fernsehbilder, wo Zehntausende zu Fuß über Brücken stürmten, weil alle U-Bahnen ausfielen, der Verkehr ohne Ampelsignale zusammenbrach, tausende Fahrstühle steckenblieben? Das war ICH!!

Wo soll das noch hinführen? Können Sie mir helfen, sanftere Gedanken zu entwickeln?

Oder glauben Sie vielleicht, dass ich ständig fiese Gedanken habe und mir das alles nur einbilde?

Mit freundlichen Grüßen

G. v. Gr.-Tytten

Lipper Kamp 29-31 49078 Osnabrück
Familiensitz: Via Dolomiti 39034 Dobbiaco - Dolomiti Alto Adige Italia

frau aktuell

Redaktion

WZV
WESTDEUTSCHE
ZEITSCHRIFTENVERLAG
GMBH & CO. KG

Adlerstraße 22
40211 Düsseldorf
Telefon 02 11/36 66-0
Telefax 02 11/36 66-231

Redaktion frau aktuell · Postfach 10 24 55 · 40015 Düsseldorf

Frau
Gisela v. Grosse-Tytten
Lipper Kamp 29

49078 Osnabrück

Ihre Zeichen	Ihre Nachricht vom	Unsere Zeichen	Telefon Durchwahl	Datum
			02 11/36 66-	21.05.04

Sehr geehrte Frau von Grosse-Tytten,

herzlichen Dank für Ihren vertrauensvollen Brief.

Ich weiss, dass es Menschen gibt, die Energien wie Sie besitzen. Aber oft wenden diese sie positiv an, zum Beispiel zur Heilung von Menschen. . .

Was sind das für Gedanken, die die schlechten Ereignisse hervorrufen? Wenn ich das wüsste, könnte ich Sie besser beraten.

Mit freundlichen Grüßen
Ihre

Susanne

WZV Westdeutsche Zeitschriftenverlag GmbH & Co. KG · Sitz und Registergericht Düsseldorf HRA 13886
PHG: WZV Verwaltungs-GmbH · Sitz und Registergericht Düsseldorf HRB 37662 · Geschäftsführer: Ulrich Hölscher, Ulrich Plöger
Westfalenbank AG Bochum, BLZ 430 200 00, Konto-Nr. 4 310 772

Antwort von frau aktuell: Beratung folgt

Giselda v. Grosse-Tytten geb. Comini

Mitglied der kath. Frauengemeinschaft Osnabrück
urkundlich seit 1217

Redaktion frau aktuell
z.Hd. Frau Susanne
Postfach 102455

40015 Düsseldorf

LEIDER OHNE ANTWORT !

21.6.2004

Sehr geehrte Frau Susanne,

vielen Dank für Ihr Schreiben vom 21.5.2004, in dem Sie Verständnis zeigten für meine unfreiwillige „Fähigkeit", mit bösen Gedanken für Stromausfälle zu sorgen. Sie wollten ja wissen, welcher Art diese Gedanken sind.

Es fällt mir schwer und lange habe ich gezögert, mich weiter zu öffnen, aber es muß wohl sein, sonst wird alles noch viel schlimmer.

Meistens beginnt es damit, daß ohne mein Zutun Hexensprüche durch den Kopf jagen wie.

„Graugrüne Spucke
mach dich frei und zucke
ein übler Katzenschiss
sei dir gewiss,
Bärwurz, Nessel, Knoblauchzehe
dir den Kopf verdrehe
nimm den bösen Saft
der fortan großes Unglück schafft."

Danach bin ich außer mir, in Gedanken lasse ich Autos zusammenkrachen, Männer aufeinander einschlagen, ja gelegentlich raube ich alte Dame (82) sogar in meiner Vorstellung Banken aus und stelle anderen älteren Damen ein Bein, so daß sie lang aufs Pflaster schlagen und aus der Nase bluten, oder ich geh in einem wirklich eleganten Laden und stehle eine Flasche Eierlikör....

Wenn sich solche schrecklichen Gedanken entfaltet haben, spüre ich plötzlich eine Leere im Kopf, mein Körper wird ganz starr und eiskalt. Wenn dann der kalte Schweiß auf die Haut meiner Unterarme tritt, passiert es: Jeder in meiner Umgebung hört dann das Zischen in elektrischen Leitungen, sieht Glühbirnen zerplatzen und selbst brennende Kerzen verlöschen (das ist mir kürzlich im Dom passiert).

Ich weiß auch nicht mehr, wie es weiter gehen soll. Langsam werde ich zur Gefahr für die Allgemeinheit.

Was raten Sie mir ?

Mit freundlichen Grüßen

v. Gr.-Tytten

Lipper Kamp 29-31 49078 Osnabrück
Familiensitz: Via Dolomiti 39034 Dobbiaco - Dolomiti Alto Adige Italia

Antwort an frau aktuell: Gefahr in Verzug!

Winfried Bornemann
Reservist i. R.

Bundesministerium für Verteidigung
Stauffenbergstr.18

10785 Berlin

Werte Militärs ,

eine knappe Anfrage: Stellen Sie mir Kompanie für einen Tag zur Verfügung? Zahle namhaften Betrag in die Offizierskasse für Tafelfreuden im Casino.

Habe Vorliebe für Befehl und Gehorsam, gebe gern Kommandos, rieche gern den Duft frisch gewichster Soldatenstiefel.

Werde Soldaten auch gehörig scheuchen und anscheißen!! Gehen anschließend auf Zahnfleisch.

Bitte totales Schweigen gegenüber Frau und Kindern. Ab 17 Uhr Hopfenstreich und ab 19 Uhr wieder Ruhe im Glied. Welcher Termin ist genehm?

Zu schade.....zum Wegschicken!!!

Hochachtungsvoll

Achtung: Rühren und Wegtreten. Alle Augen auf Null!!

Lipper Kamp 29 49078 Osnabrück Fax: 0541-4430061

Bianca Hornemann
Lipper Kamp 29
49078 Osnabrück

Winterthurer Symphoniker
Postfach 774

CH-8402 Winterthur

4.5.2004

Liebes Orchester,

neulich musste ich mit meinen Eltern in Euer Konzert. Ich fand das megalangweilig und öde. Das fing schon mit euerm Outfit an. Keine weißen Anzüge, keine Neonfarben, kein Style, nur schwarz und trist. Eure Frisuren waren ALDImäßig!
Auch Eure Instrumente. Nichts Buntes, keine heiße Schießbude, keine Boxentürme, keine Mikros.

Die Inszenierung selbst war ohne jede Idee: kein Kunstnebel, keine Lightshow, kein Laser, keine La ola Welle, kein gar nichts.

Und der Zuhörer blicket stumm in der tristen Runde rum.

Wenn ich das richtig mitgekriegt habe, habt Ihr auch nur Musik von Toten gespielt.

Trotzdem sahen manche von Euch ganz nett aus. Und deswegen würde ich auch nochmal wiederkommen, wenn Ihr das Ganze mehr aufmotzt und Euch einfach mehr Mühe gebt bei dem Act.

Könnt Ihr mir das versprechen? Eure Bianca

WINTERTHURER SYMPHONIKER

Bianca Hornemann
Lipper Kamp 29
D-49078 Osnabrück

Winterthur, 22. Mai 2004

Liebe Bianca

Vielen herzlichen Dank für deinen Brief. Wir fühlen uns geehrt, dass du mit deinen Eltern einen so langen Weg zurück gelegt hast, um an einem unserer Konzerte dabei zu sein.
Dass es dir nicht so gefallen hat tut mir aufrichtig leid. Wir spielen nun mal unplugged. Um deinen Wünschen nach Kunstnebel und Lightshow nachkommen zu können, sind wir auf grössere finanzielle Zuwendungen angewiesen. Also wenn du Leute kennst, die uns unterstützen könnten, erzähle ihnen von uns, fordere sie dazu auf und teile uns ihre Adressen mit.
Du hast auch vollkommen recht, die Komponisten der aufgeführten Werke leben nicht mehr. Auch heute kommen nur sehr wenige Komponisten während ihrer Lebzeit zu anhaltendem Ruhm. Sende mir eine Komposition, die für sinfonisches Orchester geschriebn ist, dir megamässig gefällt und der Komponist noch lebt. Es wäre für mich eine besondere Freude anlässlich der (Ur-)Aufführung dieses Werkes, dich als Ehrenzuhörerin begrüssen zu dürfen!
Für dich werde ich mich für unsere nächsten Konzerten vollcool frisieren! Ja, und diese nächsten Konzerte stehen vor der Tür! Dazu laden wir Dich ganz herzlich ein.

Wieder einmal kommen die Winterthurer Symphoniker etwas anders daher – nämlich im Zusammenklang mit vielen Sängerstimmen.
Die wunderschöne Musik aus Dvořáks "Stabat Mater" mag für diese Jahreszeit wohl etwas dunkel erscheinen, doch gibt sie sicher Anstösse über das viele Leiden in unserer Welt nachzudenken.
OK, ich wëiss, auch dieser Komponist lebt nicht mehr, er starb vor 100 Jahren und etwa einem Monat. Ja, und inhaltlich geht es um Tod und Trauer – aber die Musik ist einfach grossartig – es lohnt sich!

Wir freuen uns, mit vier Solistinnen und Solisten und der Chorgemeinschaft Sihlau gemeinsam ein grosses Werk zur Aufführung zu bringen.
Weitere Informationen zu den bevorstehenden Konzerten findest Du im beiliegenden Programmheft. Wir hoffen Dein Interesse geweckt zu haben und Du an einem unserer Auftritte dabei bist.

Mit freundlichen Grüssen

Thomas Koller

Thomas Koller, Präsident

Der Vorverkauf für die Konzerte Zürich am 18. und 20. Juni hat begonnen. Bestelle über die Telefonnummer 01 710 12 42 (Mo –Fr 8-12 Uhr) Deine Billette.

Beilage: Programmheft

Winterthurer Symphoniker • Postfach 774 • CH-8402 Winterthur • e-mail: info@symphoniker.ch
Postkonto: 84-958-3 • Bankverbindung: Zürcher Kantonalbank BLZ 732, Konto-Nr. 1132-0228.389

Klarstellung vom Präsidenten: »Wir spielen nun mal unplugged.«

Giselda v. Grosse-Tytten geb. Comini

Milglied der katholischen Frauengemeinschaft Osnabrück
urkundlich seit 1217

Herrn Minister
Christian Wulff
CDU Niedersachsen Landesgeschäftsstelle
Böttcherstr. 7

30149 Hannover

5.5.2004

Sehr geehrter Herr Minister Wulff,

soeben höre ich von Ihrer Tätowierung. Das könnte ja vielleicht noch lustig sein, aber eine nackte Frau auf dem Oberarm nenne ich einfach sexistisch!

Das hätte ich gerade Ihnen nicht zugetraut. Darüber bin ich schon betroffen und enttäuscht. Welches Frauenbild mögen Sie wohl haben?

Als mögliche Ausrede ließe ich nur gelten, wenn Sie mir erklären, daß man das Tattoo gegen Ihren Willen gewaltsam gemacht hat, als Sie betrunken und unter Drogen als 17-jähriger im Gefängnis von Marrakesch oder sonstwo saßen!

Das ließe ich noch durchgehen.
Stimmt das wirklich? Eine alte Dame (87) wartet auf Antwort.

Mit freundlichen Grüßen

G. v. Gr.-Tytten

Lipper Kamp 29-31 49078 Osnabrück
Bankhaus Partin 13256 (BLZ: 243 234 09)
Familiensitz: Via Dolomiti 39034 Dobbiaco - Dolomiti Alto Adige Italia

Frau
Giselda v. Grosse-Tytthen
Via Dolmiti

I-39034 Dobbiaco-Dolomiti

Christian Wulff Niedersächsischer Ministerpräsident

3. Juni 2004
JS/CLV

Sehr geehrte Frau v. Grosse-Tytthen,

Ihr Schreiben vom 5. Mai 2004 hat mich in der Tat sehr überrascht.

Woher haben Sie nur die Information über mein Tatoo auf dem Oberarm? Wissen Sie womöglich auch von meinen Tatoos auf Schultern, Waden, Brust und Rücken?

Ich bemühe mich ja eigentlich immer sehr, diese zu bedecken. Da Sie es nun aber schon einmal wissen, kann ich Ihnen ja auch verraten, dass das Tatoo, das Sie an meinem Oberarm irgendwo entdeckt zu haben scheinen, ein Abbild meiner Frau ist. Ich habe es mir als Liebesbeweis zu unserer Verlobung vor vielen Jahren tätowieren lassen. Die Tatoos auf meinen Schultern stellen zwei Engelsflügel dar und auf meiner Brust befinden sich auf der einen Seite mein Hund und auf der anderen Seite ein Portrait meiner Tochter.

Meine Familie findet die Tatoos sogar so toll, dass sie mich zu Hause immer bitten, mit freiem Oberkörper rumzulaufen. Außer meiner Frau und meiner Tochter kannte nur noch meine im Alter von 102 Jahren verstorbene Oma meine Tatoos. Es war mir ein besonderes Anliegen, ihr kurz vor ihrem Tod noch das Abbild meiner Frau zu zeigen. Sie fand es ganz und gar nicht sexistisch, sondern ermutigte mich sogar noch, ein großes rotes Herz daneben machen zu lassen.

In der Hoffnung, dass Sie dieses Geheimnis für sich behalten können, verbleibe ich

mit freundlichem Gruß

Planckstraße 2
30169 Hannover
Telefon 0511/120-69 01/02
Telefax 0511/120-68 38
E-Mail Christian.Wulff@
stk.niedersachsen.de

Geheimnis in Niedersachen: Familie findet Tatoos toll und nicht sexistisch

Nikolaus Hohenlohe

Lipper Kamp 29 49078 Osnabrück

Sportschule Petrescu
Bleichstr. 55-57

60313 Frankfurt

9.5.2004

Liebe Körperformer,

bitte nicht erschrecken! Das Foto zeigt meinen alten Herrn!
Ist da überhaupt noch was zu machen? Kann man den überhaupt noch irgendwie hinkriegen?

Meine alten Kumpels aus Frankfurt (ich wohne ja leider nicht mehr bei Euch) haben gesagt, Ihr wärt das heisseste Studio. Wörtlich: "Die machen aus `ner Schweinebacke `n Brad Pitt !"

Aber wenn ich meinen Alten so sehe, hab ich doch leise Zweifel.

Also, mein Dad ist ja noch in Frankfurt. Wenn Ihr glaubt, das geht, schenken wir Kinder dem `n Gutschein von Eurer Muckibude.

Glaubt Ihr, wenn überhaupt, dass Papa innerhalb der nächsten 50 Jahre halbwegs umgeformt werden kann? Das ist nämlich `n echt fauler Sack!

Ich bin gespannt, wie Ihr den Fall seht.

Für heute erstmal Ciao

N. Hohenlohe

Sportschule Petrescu Bleichstr. 55-57 60313 Frankfurt/M
Tel. 069 295906

Herrn
Nikolaus Hohenlohe
Lipper Kamp 29
49078 Osnabrück

Frankfurt/M, den 14.05.04

Hallo Herr Hohenlohe!

Vielen Dank für Ihr Vertrauen!!!

Diese Photo weckt unseren Ehrgeiz, Ihren Vater soweit „hinzukriegen“, dass er zumindest erst einmal die Hemdknöpfe wieder locker schließen kann.

Mit ein wenig Anstrengung seinerseits und dem festen Vorsatz, sich mindestens zwei- bis dreimal die Woche zu uns ins Studio zu bemühen und den Anweisungen unserer Trainer zu folgen, könnte der Erfolg nicht erst nach 50, sondern schon nach einem Jahr ganz ordentlich ausfallen. (Den Brad Pitt nehmen wir uns dann für das übernächste Jahr vor!)

Zu diese ganzen Angelegenheit gibt es natürlich auch den finanziellenTeil: Der Mitgliedsbeitrag für einen Jahresvertrag beträgt Euro 47,--/Monat und Euro 54.--/Monat für einen Halbjahresvertrag. Weiter besteht die Möglichkeit einen Monat ohne vertragliche Bindung für Euro 69,-- zu trainieren.

Also, wir würden uns sehr freuen, Ihren Dad bei uns zum Schwitzen zu bringen, alles Gute nach Osnabrück

Sportschule Petrescu
Sybille Petrescu

Ehrgeiz geweckt: Wenig Anstrengung, fester Vorsatz

Giselda v. Große-Tytten geb. Comini

Mitglied der kath. Frauengemeinschaft Osnabrück
urkundlich seit 1217

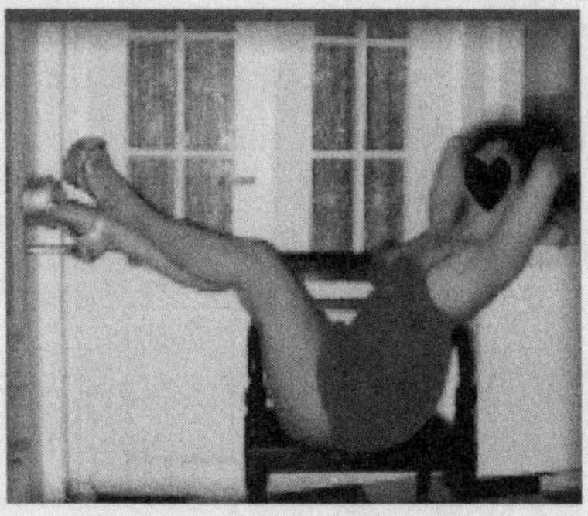

Leitung der
JVA Detmold
Postfach 1963

32709 Detmold

10.5.2004

Dichterlesung

Lieber Gefängnisdirektor,

Ihren Häftlingen geht es bestimmt nicht immer gut und deswegen biete ich meinen Besuch an.

Ich könnte gern mal eine Lesung meiner Gedichte und Märchen abends veranstalten mit einer anschließenden offenen Diskussion über moderne Ausdrucksformen in neoromantischen Gedichten.

Ein Märchen (von mir geschrieben) handelt davon, wie aus einem farbenprächtigen Schmetterling ein sanfter Mörder wurde, der eine Giftmischerin ehelichte, die ihm einen bezaubernden Schmetterling gebar, dessen Flügelschwünge gewaltige Orkane über die Ozeane schickten.

Ich denke gerade solche Geschichten würden auch Ihren Mördern und Gewalttätern gefallen.

Wann wäre es Ihren Häftlingen genehm?

Mit freundlichen Grüßen

Lipper Kamp 29 49078 Osnabrück
Privatbank Partin: Kto. 43221 (345 675 07)
Familiensitz: Via Dolomiti 39034 Dobbiaco - Dolomiti Alto Adige Italia

Angebot: Märchen und Geschichten für Mörder und Gewalttäter

Der Leiter der Justizvollzugsanstalt Detmold

Justizvollzugsanstalt Detmold - Postfach 1963 - 32709 Detmold

Frau
Giselda v. Grosse-Thytten
Lipper Kamp 29

49078 Osnabrück

Bielefelder Straße 78
32756 Detmold
Telefon
(0 52 31) 614 - 0
Durchwahl
(0 52 31) 614 -
Telefax
(0 52 31) 614 – 190
E-mail: poststelle@jva-detmold.nrw.de
Bearbeiter:

Datum: 19.05.2004
Geschäfts-Nr.:
1 a E - 1.574
Wa-Kr
(Bitte bei allen Schreiben angeben)

Dichterlesung

Ihr Schreiben vom 10.05.2004

Sehr geehrte Frau v. Grosse-Thytten,

ich bedanke mich für Ihr Schreiben vom 10.05.2004. Ihr Angebot ist hier im Hause auf nicht unwesentliches Interesse gestoßen. Ihrem Schreiben entnehme ich, dass Sie ohne Zweifel im Schreiben und Erzählen von Märchen gut und erfolgreich sind. Im Hinblick auf das von Ihnen geschilderte Märchen bin ich mir nicht sicher, ob bei dem einen oder anderen Gefangenen allzu große Emotionen geweckt werden könnten. Aus diesem Grunde wäre ich Ihnen dankbar, wenn Sie uns vorab das fragliche Märchen in Schriftform zukommen lassen könnten. Die Mitarbeiter des psychologischen Dienstes sollten dann prüfen, ob das Erzählen eines solchen Märchens bei einem Teil unserer Klientel behandlungsfördernd oder – was ich natürlich nicht hoffe – möglicherweise auch hinsichtlich des Behandlungszieles kontraindiziert sein könnte.

Gern höre ich wieder von Ihnen.

Mit freundlichen Grüßen

Waldmann

Beglaubigt
Verw.-Angestellte

Justizvollzugsanstalt 5 Detmold

Öffentliche Verkehrsmittel: ab Hbf mit Linie 390, 702, 706 bis Haltestelle Sprottauer Straße

Prüfung: Hinsichtlich des Behandlungszieles eventuell kontraindiziert

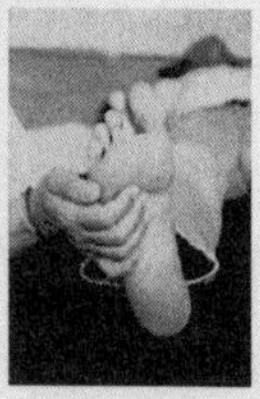

Winfried Bornemann
Chiropraktiker

Kirchenkreis Bramsche
Kirchhofstr.6

49565 Bramsche

Betr.: **Verhinderung von Kirchenaustritten**

4.6.2004

Sehr geehrte Damen und Herren, liebe Christen,

noch immer ist die Zahl der Kirchenaustritte bedrohlich hoch, viele Gotteshäuser sind in Gefahr.
Was kann man dagegen tun?

Erste Erprobungen und Versuche in Köln haben mir den Weg gewiesen.

Vor dem Amtszimmer „Kirchenaustritte“ in der Stadtverwaltung, wo sich gerade die erste Schlange bilden wollte, habe ich auf meine Kundschaft gewartet. Es kamen alle in unchristlicher Absicht, davon bin ich ausgegangen. Um aber ganz sicher zu gehen, dass sie wirklich austreten wollten, und zwar aus der Kirche, habe ich sie angesprochen und dann ganz blitzschnell ein paar chiropraktische Kunstgriffe angewandt. Kurzer Ruck am Halswirbel und sie lächelten selig aus verquollenen Augen. Alle beteuerten einhellig, niemals wieder zu kommen.

Ich hatte Erfolg bei 11 Personen, nur ein ungebildeter Bodybuilder stellte sich quer und die Einrenkung bei einer alten Dame misslang.

Ich könnte kostenfrei für Sie tätig werden, nur wäre meine Freude noch leuchtender, wenn Sie mir einen Talar und ein paar Spritzer Weihwasser zur Verfügung stellen. Die ersten freien Termine habe ich im Juli. Bitte melden Sie sich.

Segen auf all Ihren Wegen

Lipper Kamp 29 49078 Osnabrück Fax: 0541-4430061

Kostenfreie Termine: Segensreiche Hilfe mit Talar und Weihwasser

EV.-LUTH. KIRCHENKREIS BRAMSCHE
DAS KIRCHENKREISAMT

- Der Kirchenkreisamtsleiter -

Kirchenkreisamt ° Postfach: 1262 ° 49552 Bramsche

49565 Bramsche, den 11.06.04
Kirchhofstr. 6

Herrn
Winfried Bornemann
Lipper Kamp 29

49078 Osnabrück

Telefon: 05461/9307 - 0
Telefax: 05461/9307 - 29
e-mail: Carsten.Krabbenhoeft@evlka.de
Auskunft erteilt: Herr Krabbenhöft
Durchwahl 05461 / 9307 - 28
AZ:
WV:

Verhinderung von Kirchenaustritten

Ihr Schreiben vom 04.06.2004

Sehr geehrter Herr Bornemann,
lieber Bruder in Christus,

vielen Dank für Ihr Schreiben vom 04.06.2004. Es tut gut und es macht Mut zu lesen, dass Sie dem unsäglichen Trend, der Kirche den Rücken zuzukehren so überaus hilf- und erfolgreich die Stirn bieten. Und wer wäre – außer vielleicht einem Theologen – nicht mehr dazu berufen, den Menschen den Kopf wieder zurechtzurücken, als ein Chiropraktiker?! Dafür spreche ich Ihnen im Namen des Kirchenkreises Bramsche und sicher auch stellvertretend für die gesamte Landeskirche meine Anerkennung und meinen Dank aus.

Dass Sie auch weiterhin so segensreich wirken wollen, freut mich sehr. Auch für Ihre Bitte um Unterstützung habe ich großes Verständnis. Leider kann ich Ihnen von Amts wegen keinen Talar stellen. Ich wäre aber gern bereit, mit Ihnen auf einer unserer nächsten Basarveranstaltungen nach einer entsprechenden Handarbeit Ausschau zu halten.

Für den Moment bleibt mir nur, in Anerkennung Ihrer Verdienste, Ihnen einen Satz Postkarten aus der streng limitierten Edition unseres Kirchenkreises zu überlassen.

Ich verbleibe mit den besten Segenswünschen und der Hoffnung, dass sich alles im Leben irgendwie wieder einrenken lässt

freundlichst Ihr

Carsten Krabbenhöft
Kirchenverwaltungsrat

Konten: Kreissparkasse in Bramsche, Kto.-Nr. 015 901 150, BLZ 265 515 40 · Oldb. Landesbank Bramsche, Kto.-Nr. 550 595 3900, BLZ 265 217 03 · Volksbank Bramgau eG, Kto.-Nr. 100 025 000, BLZ 265 639 60

Kassenstunden des Kirchenkreisamtes: Mo - Fr von 8 - 12 Uhr

U:\data\kraut u. rüben\borne-1.doc\11 06 2004\Tamara Schall

Nikolaus v. Hohenlohe

Leitung des
Kunstmuseums Bonn
Friedrich-Ebert-Allee 2

53113 Bonn

11.5.2004

Sehr geehrte Damen und Herren,

ich habe vor 5 Tagen Ihr Museum besucht.

Seit dieser Zeit vermisse ich meine schwarze Aktentasche. Bitte schauen Sie doch mal nach, ob ich Sie bei Ihnen vergessen habe. Wenn auch der Inhalt nicht besonders wertvoll ist, so liegt er mir trotzdem am Herzen.

In der Tasche befanden sich ein Glasschneider, ein 400 g Hammer (mit gelbem Griff) , zwei Rollen Klebeband , eine schwarze Wollmütze und ein paar Gummihandschuhe.

Im Falle einer positiven Nachricht werde ich die Tasche persönlich bei Ihnen abholen, da ich in der nächsten Woche geschäftlich in Ihrer Nähe zu tun habe.

Mit freundlichen Grüßen

N. v. Hohenlohe

LIPPER KAMP 29 49078 OSNABRÜCK GERMANY

Besorgte Anfrage: Tasche mit Glasschneider im Museum verloren

KUNST
MUSEUM
BONN

Verwaltung

Friedrich-Ebert-Allee 2
53113 Bonn
Telefon: 0228 - 77 6214
Fax: 0228 - 77 6206
Jürgen Warlich

Herrn
Nikolaus von Hohenlohe
Lipper Kamp 29

49079 Osnabrück

24. Mai 2004

Sehr geehrter Herr von Hohenlohe,

ich bestätige den Eingang Ihres Schreibens am 18.05.2004.
Leider ist Ihre schwarze Aktentasche in unserem Haus nicht aufgefunden worden.
Aufgrund Ihrer Inhaltsbeschreibung hätten wir diese bei Auffinden aber gewiß an das benachbarte Polizeipräsidium abgegeben.

Mit freundlichen Grüßen
im Auftrag
Warlich
Warlich

Bankverbindung: Sparkasse Bonn (BLZ 380 500 00) Kto-Nr. 11 312
IBAN: DE11380500000000011312 BIC: BONSDE33
St.Nr.: 205/5778/0012 Ust.-ID.-Nr.: DE122119086

Prompte Weiterleitung: Polizeipräsidium übernimmt den Fall

NIKOLAUS v. HOHENLOHE

Unternehmer

Lipper Kamp 29 49068 Osnabrück

P1
Prinzregentenstr. 1

80538 München

10.5.2004

Sehr geehrter Geschäftsführer,

am Wochenende ist mir zum 2.Mal der Eintritt in Ihren Glitzerpalast verwehrt worden.

Beim ersten Mal hatte ich Verständnis dafür, weil ich bewusst salopp auftrat und nicht mit meinem Reichtum protzen wollte. Mein Aussehen war auch wohl rundum mittelmäßig.

Zuletzt war das schon ganz anders. Gezielt ließ ich mich vom Chaffeur vorfahren, stieg im Glitzeranzug aus dem Fond und stank förmlich nach Geld. Ergebnis: siehe oben, der Herr Gorilla wollte nicht.

Ich bin jetzt zu folgendem Schluss gekommen:

Innerhalb der nächsten 3 Monate werde ich inkognito wieder mittelmäßig auflaufen. Sollte ich wieder nicht das Innere Ihrer Disco sehen dürfen, werde ich den ganzen Laden kaufen.

Wenn es Probleme gibt, kauf ich das ganze Gebäude, wenn es Probleme gibt, die ganze Straße, wenn es Probleme gibt, das ganze Viertel.......

Ich würde Sie gern kennenlernen,
vielleicht an Ihrer Bar?

Mit freundlichen Grüßen

N. v. Hohenlohe

P1

LOUNGE & CLUB

P1 Gaststätten GmbH _ Prinzregentenstr. 1 _ D-80538 München

Nikolaus v. Hohenlohe
Lipper Kamp 29
49068 Osnabrück

München, den 19. Mai 2004

Ihr Schreiben v. 10. Mai 2004

Sehr geehrter Herr v. Hohenlohe,

erstmal möchte ich mich recht herzlich für Ihren Brief vom 10.05. bedanken. Ihre Wortwahl und Schreibweise macht diesen Schriftsatz zu einem absoluten Schmuckstück und Ihr Brief wird sicher in unserer Bibliothek für die nächsten 100 Jahre aufbewahrt.

Da wir seit vielen Jahren schon die Philosophie einer Türpolitik umsetzen, dass unsere langjährigen Türsteher persönlich bekannten Gästen, Stammgästen und mitgebrachten Freunden sowie Gästen – auch fremden – die sich über unsere Gästeliste akkreditieren lassen und sowohl auch Gästen, die in das Muster der Türsteher für ein modernes Club-Life fallen, den Einlass gewähren, kommt es täglich vor, dass potentiellen Gästen – egal ob rich, poor or beautiful – der Einlass verwehrt wird. Dies ist fester Bestandteil unserer Unternehmensphilosophie. Deshalb hat der Herr „Gorilla" aufgrund eines glitzernden Anzugs und einer chauffierten Limousine auch Tür und Tor verwehrt.

Natürlich können Sie in den nächsten 3 Monaten inkognito an der P1-Tür auftauchen – aber eine 100%ige Gewähr für den Einlass geben wir nur Personen, die uns bekannt oder vom direkten P1-Umfeld akkreditiert worden sind. Dabei schließe ich eine gewisse Neugierde nicht aus, wie Ihr Angebot an uns, die Stadt München oder den Staat Bayern aussieht, die angegebenen Objekte, Bauwerke oder Stadtteile zu erwerben.

Am besten, Sie kommen mit einem der vielen Stammgäste, die immer wieder gerne Freunde und Bekannte ins P1 mitbringen können. Falls Sie wirklich nur daran interessiert sind, mal im P1 zu feiern, ist dies sicherlich der beste und einfachste Weg an die Bar.

Mit freundlichen Grüßen aus dem P1

Klaus Gunschmann
P1 Gaststätten GmbH
Geschäftsführer

P1 Gaststätten GmbH _ Prinzregentenstraße 1 _ D-80538 München _ Telefon +49/89/211 11 40 _ Telefax +49/89/211 11 414
Geschäftsführer Klaus Gunschmann _ HRB 71067 AG München _ Stadtsparkasse München Kto 231 681 23 BLZ 701 500 00

WINFRIED BORNEMANN

Akademie der
Bildenden Künste München
Akademiestraße 2
80799 München

Bewerbung um C4-Professur für Raumgestaltung

Sehr geehrte Damen und Herren,

die von Ihnen ausgeschriebene Stelle ist mir auf den Leib geschrieben.
Der RAUM als Mysterium beschäftigt mich seit meiner Kindheit, wie meine Publikationen über die Mauer als Trennlinie aber auch als Verbindung zwischen dem Innen und Außen auch metaphorisch belegen.
Das muss man empfinden und spüren – nur dann kann man es vermitteln!

Interessant ist zudem der linguistische Zusammenhang zwischen TRAUM und RAUM. Können Wunsch-Räume wahr werden? Ich sage Ja. Eindeutig Ja! Zunächst empfängt uns der Raum in spiritueller, majetätischer Leere. Wir füllen ihn mit Gedanken, die wir in Objekten materialisieren.
So wird die Leere zur Heimstatt des Seienden. Dieses Seiende und das menschliche Tun müssen eine Einheit bilden. Nur so gedeiht im raffaelitischen Sinn das kleine Glück.

Hierin liegt der Kern meiner bisherigen Raumkonzeptionen.
Warum, glauben Sie strömen z.B. scharenweise Menschen in ganz Deutschland in die von mir konzipierten ALDI-Filialen? Im dualen Wohlklang einer spartanischen Raumtheorie und barocken Kaufgelüsten liegt das stille Geheimnis der pulsierenden Energie in diesen kapitalistischen Weiheräumen. Raumtheorien und Sinngebung prägen auch meine Schockrealisierungen in etlichen Finanzämtern: Dunkle Flure, üble Beleuchtung, muffige Möbel, überholte Pflanzenmodelle, ja selbst die miese Kleidung und die schlechten Frisuren der Mitarbeiter sind von mir geplant. Vorgabe war, echte Menschen sollen möglichst draußen bleiben und keine Forderungen stellen.

Mehr erzähl ich Ihnen nach meiner Amtseinführung, wenn wir gemeinsam im schlecht gestalteten Hofbräuhaus Bier trinken und uns duzen.

Mit guten Wunschen

Winfried Bornemann

Lipper Kamp 29, 49078 Osnabrück, Fax: 05401/4430061

Akademie der Bildenden Künste

An der Akademie der Bildenden Künste München ist im Studiengang Innenarchitektur ab dem Wintersemester 2005/06 eine

C4-Professur für Raumgestaltung

mit **einer Architektin/einem Architekten** zu besetzen.

Die Bewerberin/der Bewerber muss pädagogische Eignung nachweisen (Art. 11 Abs. 2 S. 2 BayHSchLG).

Die Bewerberin/der Bewerber muss mit ihrem/seinem Werk folgende Nachweise erbringen:

a) umfassende berufliche Erfahrung im Umgang mit den Aspekten des Raumes
b) die Fähigkeit, eine diesen Bereich erfassende Raumtheorie zu formulieren und zu vermitteln
c) eine in ihren/seinen Arbeiten sichtbare und überzeugende Auseinandersetzung mit Architektur, Raum und Kunst

Die Berufung erfolgt durch das Bayerische Staatsministerium für Wissenschaft, Forschung und Kunst. An den bayerischen Kunsthochschulen besteht auch die Möglichkeit der Ernennung zum Beamten auf Zeit bis zur Dauer von sechs Jahren.

Zur Professorin/zum Professor im Beamtenverhältnis darf nicht ernannt werden, wer das 52. Lebensjahr bereits vollendet hat. Jenseits dieser Altersgrenze ist eine Ernennung zur Professorin/zum Professor im Angestelltenverhältnis möglich.

Die Akademie der Bildenden Künste München strebt eine Erhöhung des Anteils von Frauen an und ersucht deshalb Frauen mit spezifischem Tätigkeitsfeld nachdrücklich sich zu bewerben.

Schwerbehinderte werden bei gleicher Eignung und Befähigung vorrangig berücksichtigt.

Bewerbungsunterlagen, die den beruflichen Werdegang und die oben genannten Voraussetzungen ersichtlich werden lassen, werden bis **spätestens 30. April 2004** erbeten an die

Akademie der Bildenden Künste München
Akademiestraße 2, 80799 München

Ausschreibung: Fähigkeit, eine Raumtheorie zu formulieren

AKADEMIE DER BILDENDEN KÜNSTE MÜNCHEN

30.3.2004

Herrn
Winfried Bornemann
Lipper Kamp 29

49078 Osnabrück

Bewerbung C4-Professur für Raumgestaltung
Ihr Schreiben vom 24.03.2004

Sehr geehrter Herr Bornemann,

haben Sie vielen Dank für Ihre Bewerbung.
Da das Auswahlverfahren zur Wiederbesetzung eines Lehrstuhls erfahrungsgemäß leider einige Zeit in Anspruch nehmen wird, möchten wir Sie um Geduld und Verständnis für die Wartezeit bitten. Von der Entscheidung der Akademie und des Bayer. Staatsministeriums für Wissenschaft, Forschung und Kunst werden wir Sie sobald als möglich in Kenntnis setzen.

Mit freundlichen Grüßen

I.V.

Marzocca
Kanzlerin

Bitte reichen Sie Ihre weiteren schriftlichen Bewerbungsunterlagen (Diplom und Arbeitsproben) nach.

Akademiestraße 2 D-80799 München Telefon +49-89/3852 0 Telefax +49-89/3852206
E-mail info@adbk.de

AKADEMIE DER BILDENDEN KÜNSTE MÜNCHEN

Herrn
Winfried Bornemann
Lipper Kamp 29

49078 Osnabrück

München, 21. Juni 2005

C4 – Professur für Raumgestaltung (Studiengang Innenarchitektur)

Sehr geehrter Herr Bornemann,

Sie haben sich auf o.g. Ausschreibung vom März 2004 an der Akademie beworben.

Der Senat hat auf Grund eines sogenannten hochschulöffentlichen Hearings zwischenzeitlich einen Berufungsvorschlag erstellt.

Nach der endgültigen Entscheidung des Staatsministeriums für Wissenschaft, Forschung und Kunst über die Besetzung erhalten Sie von der Akademie weitere Nachricht.

Mit freundlichen Grüßen
In Vertretung

Marzocca
Kanzlerin

Akademiestraße 2 80799 München Telefon 089/3852-100 Telefax 089/3852-206
e-mail post@adbk.mhn.de

Akademie (II): Nachricht nach endgültiger Entscheidung

Nikolaus Hohenlohe

Modell

Franziskanerschwestern
Laarmannstr. 26

45359 Essen

6.4.2004

Bewerbung als Aktmodell

Sehr geehrte Klosterfrauen,

da ich demnächst in Ihre Stadt ziehe, möchte ich mich schon heute als Aktmodell anbieten. Vom Typ her bin ich kräftig und muskulös, so dass Ihre Betschwestern sehr genau sehen könnten, wie Training den Körper definiert.

Alle erdenklichen Posen kann ich ausdauernd und ruhig halten. Da gibt es kein amateurhaftes Zittern!

Ab wann kann ich bei Ihnen auftreten?

Bitte bleiben Sie fromm

Lipper Kamp 29 49078 Osnabrück Fax: 0541-4430061

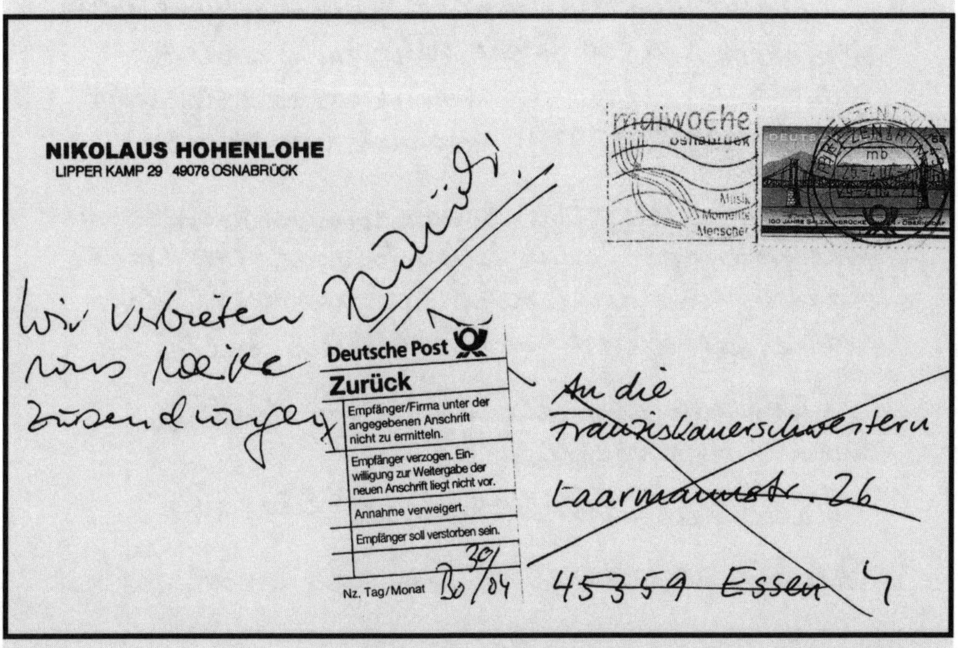

Rücksendung: Ohne Kommentar

Alex Becker
Gutenbergstraße 13
49076 Osnabrück

Lieber Professer,
Deine Adresse hab ich aus dem Internett.
In der Schule hab ich gehört es gibt Erbgesetze. Das hab ich aber nicht verstanden ich bin ja erst 9 werde aber noch dies Jahr 10.

Es geht um Ehnlichkeiten zwischen Geschwistern. Also mein Bruder Jonas sieht ganz anders aus als ich. Ich bin nemlich rothaarig und hab Sommersprossen und ich bin etwas dick.
Und Jonas ist jetzt 13 und wir verstehn uns prima. Jonas hat schwarze ganz krause Haare, seine Haut sieht fast aus wie Cola und er ist dünn und hat keine Brille.

Wir sehen uns also nur etwas ehnlich.
Wie ist das möglich?

Kann das am Ozonloch liegen?

Ich bin gespannt ob Du das weist.

Tschau erstmal

Dein Alex

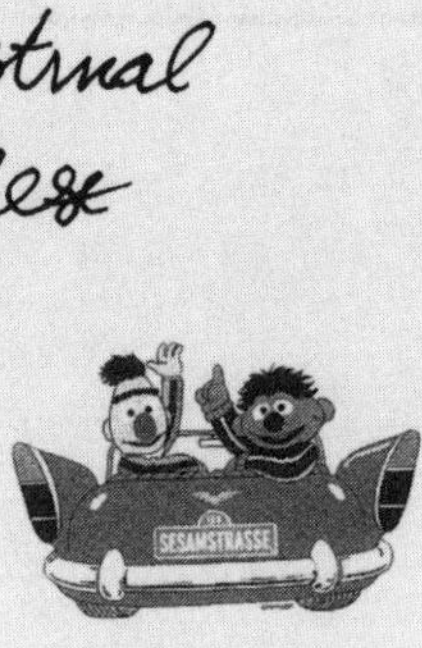

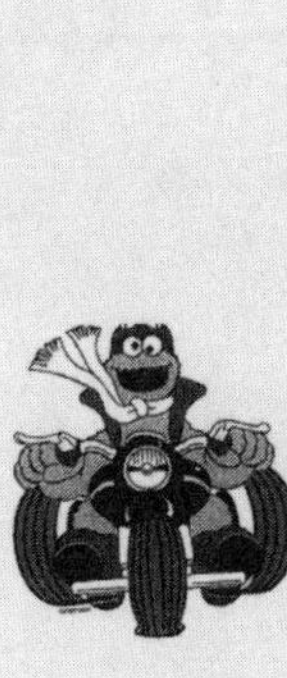

Universität Bielefeld

Fakultät für Biologie
Lehrstuhl für Genetik

Universität Bielefeld · Postfach 10 01 31 · 33501 Bielefeld

Herrn
Alex Becker
Gutenbergstraße 13

49076 Osnabrück

Prof. Dr. A. Pühler

Telefon: +49 (0)521 106–00
Durchwahl: +49 (0)521 106–5607
Telefax: +49 (0)521 106–5626
E-Mail: puehler@Genetik.Uni-Bielefeld.DE

Bielefeld, den 07. April 2004

Lieber Alex,

vielen Dank für Deinen Brief, der gar nicht so einfach zu beantworten ist. Ich will es aber trotzdem versuchen.

Du hast richtig gehört. Es gibt Erbgesetze. Dein Erbgut ist z.B. eine Mischung des Erbguts Deiner Eltern. Eine solche Mischung ist auch dafür verantwortlich, daß Geschwister ganz unterschiedlich aussehen können.

Was mich allerdings verblüfft, ist die Schilderung, daß Dein Bruder eine Haut hat, die fast wie Cola aussieht. Hier vermute ich, daß noch andere Erklärungsmöglichkeiten in Betracht gezogen werden müssen. Du solltest hierzu einfach Deine Eltern befragen, die bestimmt in der Lage sind, eine einfache Antwort zu geben.

Was ich jedoch mit Sicherheit beantworten kann, ist die Frage, ob Euer unterschiedliches Aussehen etwas mit dem Ozonloch zu tun hat. Meine Antwort lautet ganz einfach "nein". Du siehst, zumindest hier kann ich mein Wissen anbringen.

Über Deinen Brief und Deine intelligenten Fragen habe ich mich sehr gefreut und ich hoffe, daß Dir der Biologieunterricht in der Schule auch viel Spaß macht. So viel für heute und Tschüß!

(A. Pühler)

Universitätskasse: Westdeutsche Landesbank, Girozentrale Bielefeld, BLZ 400 500 00, Konto 6 10 36
Dienstgebäude: Universität Bielefeld, Universitätsstraße 25, 33615 Bielefeld
Öffentliche Verkehrsmittel: Stadtbahnlinie 4 ab Jahnplatz und ab Bahnhof

FH FUNDAMENTALISTISCHE HAUSFRAUEN
Geschäftsführerin: B.Hornemann
LIPPER KAMP 29 49078 OSNABRÜCK FAX. 0541-4430061

CSU Frauen Union
Franz Josef Strauß-Haus
Nymphenburger Str. 64

80335 München

Betr.: **Farbe bekennen**

4. April 2004

Liebe Freundinnen,

wer Kuchen backen einfach nur rührend findet, hat`s noch nicht gemerkt! Wer Alice Schwarzer heute sieht, erkennt, wie die Zeit Ideen ruiniert.

Was ist aus den Spice Girls geworden? Krank, kaputt, verzankt, verzickt, versifft, gestresst, gepudert und geschieden, gut frisiert und schlecht gelaunt.

So stöckeln sie nochmal über die Flure des Arbeitsamtes, unsere Auslaufmodelle.

Jetzt ist endlich Schluss mit dem Dreißigjährigen Zickenkrieg! Die Neue Frau weiß genau, wohin sie will. Aufbruch statt Abbruch.

Unsere guten Männer sollen so sein wie sie wollen, wir werden sie ehren. Wir wollen wieder stolz ihren Namen und ihre Lasten tragen, ihnen helfen und dienen. Wir wollen wieder endlich mit Freude kochen und putzen. Männer und Kinder, Aufgabe und Hobby, die FH sind unsere Lobby!

Unterstützen Sie uns mit einem kurzen Grußwort für unsere Jahreshauptversammlung in Aurich? Falls Ihnen das zuviel wird, dürfen wir dann Ihren Namen auf der Unterstützerliste in unserem Presseaufruf erwähnen?

Mit freundlichen Grüßen

(i.A. B Bornemann)

P.S. Mit `ner klasse Mutter ist alles in Butter!

Hausfrauen fordern: Schluss mit 30jährigem Zickenkrieg!

FRAUEN.
UNION CSU

Franz Josef Strauß-Haus
Nymphenburger Straße 64
80335 München
Telefon: 089/1243-236
Telefax: 089/1243-289
e-mail: tina.troche@csu-bayern.de
Internet: www.fu-bayern.de

Frau
Bianca Hornemann
Fundamentalistische Haufrauen
Lipper Kamp 29

49078 Osnabrück

28. April 2004

Jahreshauptversammlung der Fundamentalistischen Hausfrauen

Sehr geehrte Frau Hornemann,

vielen Dank für Ihr Schreiben, in dem Sie auf sehr humoristische Weise das moderne Frauenbild skizzieren und damit den Aufbruch in das Zeitalter der „neuen Frauen" anmahnen.

Bitte haben Sie Verständnis dafür, dass die CSU aufgrund der Vielzahl an Anfragen Ihrer Bitte um ein Grußwort nicht nachkommen kann. Seien Sie jedoch versichert, dass die Arbeitsgemeinschaft der Frauen-Union mit beinahe 30.000 Mitgliedern genauso engagiert wie Sie, wenn möglicherweise auch auf andere Weise, für ein modernes und aufgeschlossenes Selbstbild der Frau eintritt – somit verfolgen wir dasselbe Ziel.

Mit freundlichen Grüßen

Tina Troche

Tina Troche
Landesgeschäftsführerin der Frauen-Union

HypoVereinsbank München
(BLZ 700 202 70) Kto. 41103302

Frauenunion: Somit verfolgen wir dasselbe Ziel

Zentrales Melderegister für Esoterik

LIPPER KAMP 29 49078 OSNABRÜCK BUNDESREPUBLIK DEUTSCHLAND

FAX: 0541-4430061

Tantra Heute
Turmstr.9

32052 Herford

Sehr geehrte Frau Elisabeth Müller-Schwefe,

uns wurde mitgeteilt, dass bei Ihnen besondere esoterische Ereignisse stattgefunden haben.

In diesem Zusammenhang weisen wir nochmals darauf hin, dass Sie zur Meldung an uns verpflichtet sind.

Wir erwarten Ihren nachgereichten Bericht über diese Besonderheiten innerhalb einer Frist von 21 Tagen.

Sollten Sie die Meldefrist überschreiten, sehen wir uns leider gezwungen, rechtliche Schritte einzuleiten (§ 37.3, Abs. 5, insbes. Z.3 EsStGB).

Mit freundlichen Grüßen

(Bornemann)

Bemerkung: Als esoterische Besonderheiten gelten nach Gesetz unter anderem:
Wiedergeburt, karmische Entdeckungen, Heilerfolge durch Aroma- oder Kristallbehandlungen, Reiki, Handauflegen, Sufitanz und Ähnliches..., sowie alles Unglaubliche wie z.B. frisch aussehende Gemüse in Bioläden

27-APR-04 08:31 E. MUELLER SCHWEFE 49 5221 693182 SEITE: 1

Zentrales Melderegister für Esoterik,
Z. Hd. Herrn Bornemann
Lipper Kamp 29
49078 Osnabrück

Kahuna-Wissenschaften
Elisabeth Müller-Schwefe
Turmstr 9
32052 Herford-Elverdissen
Tel: 05221-693181
info@kahuna-wissenschaften.de

Sehr geehrter Herr Bornemann,

Danke für Ihr interessantes Schreiben vom 11. 4. 04.
Leider komme ich wegen zu vieler unglaublicher Ereignisse erst jetzt dazu, selbiges zu beantworten, ich bitte die Verspätung zu enschuldigen.

Besonderheiten und Unglaubliches habe ich unglaublich viel zu melden:
Erstens wäre da unsere Bundesregierung: Unglaublich, wie sie und auch die vorige Regierung unser Land abgewirtschaftet haben.
Noch unglaublicher, wie sie mit diesen anstehenden neuen Gesezten die Situation verbessern will. Unglaublich auch, mit welchen Fehlleistungen Minister heutzutage durchkommen (Toll-Collect, Gesundheits-„reform"), wo sie vor 20 Jahren sofort den Hut hätten nehmen müssen.
Und noch unglaublicher als das, wie die Bundesbürger alles hinnehmen, höchstens sich beklagen statt Verantwortung zu übernehmen.

Zweitens: Unglaublich frisches Gemüse habe ich leider nicht zu bieten, dafür bietet der Wald hinter meinem Haus zur Zeit unglaublich schöne Blüten und verschiedene Schattierungen von Grün.
Das zeige ich hiermit an.
Außerdem leuchtet die Plastikplane auf meinem Brennholzstoß in einem geradezu magischen Blau – das ist sicher anzeigenswert.
Mit Heilerfolgen durch Aroma kann ich leider auch nicht dienen, da meine ganze Umgebung zur Zeit an Birkenpollenallergie (Heuschnupfen) leidet.
Meine Hände lege ich zur Zeit öfters dem Spatenstil auf. Interessiert Sie das? Es funktioniert, wenn man den Hebel im richtigen Winkel ansetzt und die Kraft und das Gewicht des Fußtritts ausreichend hoch ist.

Sicher fallen mir noch mehr anzeigenswerte Besonderheiten im Laufe meines Alltags auf, da genau genommen mein ganzes Leben eine unglaubliche Besonderheit ist.
Die Sonne scheint so wunderbar jeden Tag, mein Körper funktioniert auf bisher von der Naturwissenschaft kaum erklärte Weise, Farben, Töne, Berührungen, Gerüche, und wundersame Gefühle entzücken mich jeden Tag mehr und machen das Leben zu einem unglaublich wundervollen Ereignis. Ist das Esoterik? Dann zeige ich das Ihnen hiermit auch an.

Mit freundlichen Grüßen,

E. Müller-Schwefe

Bankverbindung: Postbank Hamburg, BLZ 20010020, Konto Nr. 975958203

Winfried Bornemann
Unternehmer

Lipper Kamp 29
49078 Osnabrück

An
Waldhaus Zentrum
CH –3432 Lützelflüh
Schweiz

Grüezi, meine spirituellen Freunde,

wie gut sich alles fügt; gerade hatte ich eine Eingebung, meine Residenz in die Schweiz zu verlegen, da sehe ich Eure Annonce mit dem Angebot **"Trance und Heilung"**. Ein Wochenendseminar und anschließend Zweijähriges Training.
Wunderbar! In Trance wegtreten, Befreiung und Aufstieg zu schamanistischen Flügen. Herrlich muss es sein, halb im Delirium dem Ich entfliehend das Selbst entdecken zu können.

Dazu Heilung, spirituelle Versnkung und Abkehr von Pseudo-Zwängen. Vielleicht auch ein bisschen Heilung von körperlichen Problemen? Vielleicht auch ein bisschen Befreiung von meinen lästigen, juckenden Hämorrhoiden? Vielleicht auch kleines bisschen Befreiung von meinem etwas arthrösen Knie?

Seht Ihr für mich, verehrte Freunde, in "Trance und Heilung" eine Chance auf Erfüllung? Oder wären die anderen Gruppen "Tim Dom Dom" oder "In Liebe verbunden" für mich angemessener?

Falls noch Plätze frei sind, würde ich noch 3 Kollegen aus unserem Kreise der jungen Unternehmer mitbringen.

Ich grüße in Stille

WALDHAUS
ZENTRUM
LÜTZELFLÜH

Winfried Bornemann
Lipper Kamp 29
DE-49078 Osnabrück
BRD

Lützelflüh, den 22. März 2004

Lieber Winfried!

Vielen Dank für Deine Anfrage!

Anbei senden wir Dir unser Jahresprogramm 2004 und die erfragten Informationen. Viel Spass beim Lesen!

Leider kann ich Dir Deine Fragen nicht beantworten, aber ich würde auf Deine innere Stimme hören und das Seminar buchen, welches Dich am meisten anspricht.

Gerne kannst du uns bei Fragen zu den Kursen auch telefonisch erreichen.

Wir freuen uns Dich vielleicht einmal kennen zu lernen oder wieder zu sehen und im Emmental als Gast begrüssen zu dürfen und wünschen Dir einen fröhlichen und schönen Frühling!

Mit herzlichen Grüssen
Für das Waldhausteam

Sneha E. Ziegler

Waldhaus Zentrum Internationales Seminarhaus CH-3432 Lützelflüh
Tel. 0041-(0)34 461 07 05 Fax 0041-(0)34 461 65 50 waldhaus@waldhaus.ch www.waldhaus.ch
Bernerland Bank PC 30-38189-7 Blz 6313 Kto 42 0.501.853.06 Waldhaus Stiftung
Postbank Karlsruhe Kto 618 916 759 Blz 660 100 75

Maik Mrdovic
Lipper Kamp 29
49078 Osnabrück

Schwerjewichtskämpfe!

Hallo Chef,
alle sagn die ganz harten Jungs sitzen im Knast. Und die stämmen den janzen Tach jewichte damit se nich so mickrig sind.

Ick stell mir vor, det die auch jerne mahl Kloppen täten. Det tu ick nemmlich auch! Aber die drinnen dürfen nich und hier draußen auch nich.

Wir könnten doch mahl nen richtich netten Kloppabend machen. Ick komm dann und nehm mir die 3 stärksten vor. Eenen nachm andern. Wenn ick jewinne darf ick ne Woche später nochmahl zum Kloppen kommen, wenn einer von den Knackis jewinnt, krieg ick zwee Tage später Rewansch!

Oke?
Ick könnte gut am 5. Mai
Bis denne M. Mrdovic

Ick freu mich schohn wie die janzen Knackis aussehn mit zwee blaue Augen nen duften Cut, dicke Blumenkohlohren und ne dicke Triefnase!!!

Der Leiter der Justizvollzugsanstalt Rheinbach

Der Leiter der Justizvollzugsanstalt Rheinbach, Postfach 601, 53357 Rheinbach

Maik Mrdovic

Lipper Kamp 29

49078 Osnabrück

Hausanschrift: Aachener Str.47, 53359 Rheinbach
Telefon: (02226) 86 - 0
Telefax: (02226) 86209

Bearbeiter: Herr Denker

Datum: 07.04.2004

Freizeitgestaltung der Gefangenen

Sehr geehrter Herr Mrdovic!

Ihre Zuschrift mit dem darin enthaltenen Angebot einer gemeinsamen handfesten Freizeitgestaltung mit den Gefangenen hat mich schon sehr erfreut.

Allerdings dürfte Ihre Informationsquelle, wonach sich die Gefangenen "gerne kloppen täten", dem Bereich der privaten Fernsehsender oder der Boulevardpresse zuzuordnen sein.

Ich erlebe im Haftalltag der Inhaftierten, dass diese den **Schwerpunkt** Ihre Freizeitgestaltung im Bereich der Angebote Meditation, Selbstfindung, Konfliktvermeidungsstrategien, Gesang und christlichem Mandala-Malen sehen. Zugegeben, da **kämpft** mancher Inhaftierter mit sich und seinen Fähigkeiten. Vielleicht haben Sie hier zwei Begriffe in einem falschen Kontext aufgenommen und in Ihrer Erinnerung sind die Wörter "Schwergewicht" bzw. "Kämpfe" haften geblieben. Daraus kann man dann ganz leicht - insbesondere aus der boxerischen Hochburg Berlin oder Umgebung kommend - auch den Begriff **"Schwerjewichtskämpfe"** bilden.

Kurzum, ich möchte Ihr sicherlich freundschaftlich zu verstehendes Angebot, mit den Gefangenen in den Ring zu steigen, ausschlagen.

Es würde mich aber sehr freuen, erneut von Ihnen zu hören, sofern Sie über friedvollere Fähigkeiten verfügen, die bei der Resozialisierung von Gefangenen Verwendung finden können und mit denen sich Sie erneut persönlich einzubringen gedenken. Ich bin sicher, auch für Sie dann eine Verwendungsmöglichkeit zu finden.

Im übrigen wünsche ich Ihnen ein friedvolles und schönes Osterfest

Mit freundlichen Grüßen

Im Auftrag

Erreichbar: Buslinie 800 ab Bahnhof Euskirchen bzw. ab Bonn bis Rheinbach, Haltestelle Sonnenscheinstraße
Zugverbindung: „Eifelexpress" ab Bahnhof Bonn bzw. Euskirchen bis Bahnhof Rheinbach
Bankverbindung : Postgiroamt Köln Nr.: 109 42 - 501 , BLZ 370 100 50

Maik Mrdovic

JVA Rheinbach
Postfach 601
53357 Rheinbach

Hallo Chef (Herr Denker)
~~also~~ danke für Ihren Brief vom 7.4.

Allso ick muss sagen. ich staun schon mechtig das die Gefangenen gerne ~~Mandala Malen~~ das christliche Mandala-Malen tun und dabei ~~so~~ singen. Boxen und kämpfen wolln die Knackis allso nicht? Wenn ick mich anders einbringen soll dann hätte ick da noch ~~ein~~ ein Angebot in Häkeln und Klöppeln oder aber auch Gewichtheben mit vorher beten.

Is ditt was für die Knackis?

Mit muskulösem Gruß
Bis denne M. Mrdovic

Der Leiter der Justizvollzugsanstalt Rheinbach

Der Leiter der Justizvollzugsanstalt Rheinbach, Postfach 601, 53357 Rheinbach

Maik Mrdovic

Lipper Kamp 29

49078 OSNABRÜCK

Hausanschrift: Aachener Str.47, 53359 Rheinbach
Telefon: (02226) 86 - 0
Telefax: (02226) 86209
e-mail: Poststelle@JVA-Rheinbach.nrw.de

Bearbeiter: Reg.-Amtmann Denker

Datum: 22.04.2004

Geschäfts-Nr.:

Freizeitgestaltung der Gefangenen;
Häkel-, Klöppel- und Gewichtheberkurse

Sehr geehrter Herr Mrdovic!

Da ich einen Papierfalt-Kurs für die Anleitung gewaltbereiter Sexualstraftäter besucht habe, komme ich erst jetzt zur Beantwortung Ihres zweiten Schreibens.
Der Schlusssatz in Ihrem letzten Brief ("ick glaub Ihr macht euch det schön jemütlich in Rheinbach") ist hoffentlich nicht ernst gemeint! Ich kann Ihnen versichern, dass die Inhaftierten mit Feuereifer bei der Sache sind, wenn die Freizeitveranstaltungen ablaufen. Und wir vom Personal freuen uns über die Fortschritte, die von den Inhaftierten bei der vielfältigen Freizeitgestaltung erreicht werden.

Für das Gewichtheben ist Ihre persönliche Anwesenheit nicht erforderlich. Dies geschieht unter der sportlichen Aufsicht ausgebildeter Sportübungsleiter. Ich habe mir berichten lassen, dass zuvor nicht gebetet werden braucht. Höchstens, dass einem die Gewichte nicht auf den Kopf fallen.
Den Bedarf nach Häkel- und Klöppelbeschäftigung habe ich unter der Insassenvertretung der Gefangenen abgefragt.
Leider muss ich Ihnen hier die Mitteilung machen, dass ein Kursangebot wohl nicht zustande kommen wird. Ich persönlich hatte den Eindruck, dass die Inhaftierten Ihr Angebot nicht richtig ernst nahmen. Man meinte, dass Sie bestimmt "Haken" mit "Häkeln" und "Kloppen" mit Klöppeln" verwechselt haben könnten. Vielleicht sollten Sie Ihr nettes Angebot in einer Justizvollzugsanstalt mit weiblichen Inhaftierten wiederholen. Frauen gelten im allgemeinen als gereifter und weniger misstrauisch als Männer. Bestimmt weiß man dort Ihrer Fähigkeiten zu schätzen.

Sofern es noch von Interesse sein sollte: ich habe gerüchteweise vernommen, dass in Vollzugsanstalten mit weiblichen Inhaftierten Kampfsportarten sehr beliebt sein sollen. Eventuell ist das den Erfolgen von Regina Halmich zu verdanken, die das Frauenboxen in Deutschland sehr populär gemacht hat. Ob allerdings "gemischte" Kämpfe - also zwischen Mann und Frau - vom Deutschen Boxverband generell zugelassen sind oder Stefan Raab eine Ausnahme für den Kampf mit Frau Halmich erhielt, bitte ich doch selbst beim Box-Verband zu klären.

Ich hoffe, dass Sie noch viel Freude bei der Ausübung Ihrer Hobbys haben werden und wünsche Ihnen für die Zukunft alles erdenklich Gute.

Mit freundlichen Grüßen

Im Auftrag

Erreichbar: Buslinie 800 ab Bahnhof Euskirchen bzw. ab Bonn bis Rheinbach, Haltestelle Sonnenscheinstraße
Zugverbindung: „Eifelexpress" ab Bahnhof Bonn bzw. Euskirchen bis Bahnhof Rheinbach
Bankverbindung : Postgiroamt Köln Nr.: 109 42 - 501 , BLZ 370 100 50

Angebot abgelehnt: Inhaftierte sind mit Feuereifer bei der Sache

BELLS ANGELS

ROCKER

Herrn Ministerpräsident
Matthias Platzeck
c/o Staatskanzlei Brandenburg
Postfach 601161

14411 Potsdam

Hallo Herr Platzeck ,

wir wissen, auch in Ihnen steckt ein alter Rocker und Sie haun gern auf die Sahne. So ist das auch bei uns. Manchmal gibt's ordentlich was auf die Birne und dann gießen wir wieder anständig einen auf die Lampe.

Unsere deutsche Sektion von Bells Angels International hat das verbindliche Motto "Schütz, was dir gehört, mach kaputt, was dich stört".

Vom 7. – 12. August ist B.A.I. – Europatreffen in Mannheim.
Wir haben Sie für die Eröffnungsrede vorgesehen (plus Schirmherrschaft).

Machen Sie mit?

Bis dahin

M. Mrdovic

Maik Mrdovic

LIPPER KAMP 29 49078 OSNABRÜCK GERMANY

LAND BRANDENBURG

Staatskanzlei

Staatskanzlei des Landes Brandenburg | Postfach 60 10 51 | 14410 Potsdam

BELLS ANGELS
Herrn
Maik Mrdovic
Lipper Kamp 29

49078 Osnabrück

Heinrich-Mann-Allee 107
14473 Potsdam

Bearb.: Frau Lenz
Gesch.Z.: 11
Hausruf: (03 31) 8 66 - 1278
Fax: (03 31) 8 66 - 1326
Internet: www.brandenburg.de
ilona.lenz@stk.brandenburg.de

Bus / Tram / Zug / S-Bahn
(Haltestelle Hauptbahnhof)

Potsdam, 17. April 2004

B.A.I. – Europatreffen
hier: Bitte um Übernahme der Schirmherrschaft des Ministerpräsidenten

Sehr geehrter Herr Mrdovic,

vielen Dank für Ihr Schreiben vom April 2004 an den Ministerpräsidenten. Sie baten um die Übernahme der Schirmherrschaft über das B.A.I. – Europatreffen vom 07.-12. August 2004 in Mannheim sowie um seine Teilnahme an der Eröffnungsveranstaltung.

Nach gründlicher Prüfung und Abwägung Ihrer Bitte muss ich Ihnen heute leider mitteilen, dass Ministerpräsident Matthias Platzeck die Schirmherrschaft nicht übernehmen wird. Auch seine Teilnahme ist aufgrund der terminlichen Lage leider nicht möglich. Ich bitte um Ihr Verständnis.

Ich wünsche Ihnen viel Spaß und gutes Gelingen für das Europatreffen.

Mit freundlichen Grüßen
Im Auftrag

Rainer Liesegang

Nikolaus v. Hohenlohe

Lipper Kamp 29 49078 Osnabrück

Ministerin Renate Künast
Deutscher Bundestag
Platz der Republik 1

11011 Berlin

11.5.2004

Sehr geehrte Frau Künast,

bitte entschuldigen Sie eine wirklich blöde Anfrage. Wir haben im Freundeskreis eine Wette über Ihre Körpergröße abgeschlossen. Da stehen 152 cm gegen 145 cm. Ihr zuständiges Einwohnermeldeamt mauert. Bitte lassen Sie uns wissen, was Ihr Personalausweis darüber weiß.

Egal wie groß Sie sind, für uns sind Sie die Frau KÜNASTERIX und damit sowieso die Größte im Amte, dem sonst nur rustikale, dicke Tollpatsche vorstanden.

Den grünen Daumen nach oben für Sie!!

N. v. Hohenlohe

Renate Künast
Mitglied des Deutschen Bundestages

Berlin

Platz der Republik 1
11011 Berlin

Unter den Linden 50
Raum 2032
☏ (030) 227 – 71 913
Fax (030) 227 – 76 913
E-Mail renate.kuenast@bundestag.de

Wahlkreisbüro

Lindenstr. 20-25
10969 Berlin
☏ (030) 25292353
Fax (030) 25292354
E-Mail renate.kuenast@wk.bundestag.de

Renate Künast, MdB · Unter den Linden 50 · 11011 Berlin

Nikolaus v. Hohenlohe
Lipper Kamp 29

49087 Osnabrück

Berlin, 13. Mai 2004

Sehr geehrter Herr von Hohenlohe,

Ihr Schreiben zur Körpergröße der Ministerin hat für Erheiterung im Abgeordnetenbüro gesorgt. Es ist doch sehr beruhigend zu wissen, dass so sensible Daten, wie die Körperlänge vom Einwohnermeldeamt vertraulich behandelt werde.

Ich darf Ihnen mitteilen, dass beide Tipps nicht zutreffen. Renate Künast misst 164 cm und kann diese äußerst effektiv einsetzen, wenn es darum geht Überzeugungen klarzumachen. Dem Gewinner der Wette möchte ich herzlich gratulieren, auch wenn er mit zwölf Zentimetern noch deutlich daneben lag. Über die Einschätzung es könnten auch nur 145 cm sein, haben wir die Ministerin jedoch nicht informiert, sie hätte wohlmöglich darauf bestanden nicht zu antworten.

Ein Lob hingegen erfreut sie immer und dafür möchte ich mich in Ihrem Namen recht herzlich bedanken und sende Ihnen und Ihren Wettfreunden herzliche Grüße aus Berlin,

K. Langenbein

Katrin Langenbein

Gratulation dem Gewinner: Zwölf Zentimeter ist deutlich daneben

Giselda v. Große-Tytten geb. Comini
urkundlich seit 1217

Werder Bremen
Am Weserstadion 7

28205 Bremen

gleicher Brief
an Borussia Dortmund
und Bielefeld

6.4.2004

Sehr geehrte Herren,

obwohl ich schon recht betagt bin, wende ich mich erstmalig in meinem Leben postalisch an einen Fußballverein.

Gern würde ich ausführlicher schreiben, aber Sie wollen bestimmt, daß ich mein Anliegen schneller präzisiere. Nun gut, ich komme sofort auf den Punkt:

Die gesamte Schar meiner gesunden und lebensfrohen Enkelkinder gehört zu den wohl nicht wenigen Anhängern Ihres Vereins. Just zu meinem Achtzigsten haben sie mich mit einem Präsent in die Bredouille gebracht, es handelt sich um einen Gutschein zu einem sogenannten Flutlichtspiel!

Da ich zeitlebens noch nie ein Stadion betreten habe, muß ich Sie bitten, mir zwei Fragen zu beantworten.
Zum einen: Kann sich eine ältere Dame von Stand unbesorgt in eine dichte Menschenmasse begeben und darf sie dabei ein Portemonnaie mitnehmen?

Zum anderen: Was passiert, wenn der Strom ausfällt und alles dunkel ist? Kann ich da vor Belästigungen sicher sein?

Diese Fragen belasten mich außerordentlich. Können Sie mir ein wenig meiner Angst nehmen?

Mit freundlichen Grüßen

Lipper Kamp 29 49078 Osnabrück
Familiensitz: Via Dolomiti 39034 Dobbiaco · Dolomiti Alto Adige Italia

WERDER BREMEN

Europa-Pokalsieger der Pokalsieger 1992
Deutscher Meister 1965/1988/1993 · Deutscher Pokalsieger 1961/1991/1994/1999
Supercup-Gewinner 1988/1993/1994 · Deutscher Amateurmeister 1966/1985/1991

Frau
Giselda v. Große-Tytten
Lipper Kamp 29

D-49078 Osnabrück

Bremen, 19.04.2004

Ihr Schreiben vom 14.04.2004

Sehr geehrte Frau von Große-Tytten,

bezugnehmend auf Ihr Schreiben von vergangener Woche, können wir Ihnen zu Ihren Fragen folgende Antworten geben.

Selbstverständlich freuen wir uns auch immer wieder über den Besuch von Damen Ihres Standes, auch die Prinzessin von Preußen besucht regelmäßig Heimspiele unserer Bundesligamannschaft, und wir nehmen an, dass die Prinzessin von Preußen bei Ihren besuchen auch ein Portemonnaie bei sich führt.

Ein Stromausfall im Weserstadion ist so gut wie ausgeschlossen, da alle technischen Einrichtungen doppelt und dreifach abgesichert sind. Der letzte Stromausfall liegt bereits einige Jahre zurück und passierte bei einem Länderspiel der deutschen Nationalmannschaft. Nach diesem Missgeschick wurde die gesamte Anlage auf den neuesten Stand der Technik gebracht. Belästigungen fanden damals nicht statt, vielmehr feierten die Besucher dieses Spieles ein großes Fest. Der DFB sagt heute noch, dass es so eine gute Stimmung bei keinem Länderspiel mehr danach gab.

Wir hoffen, dass unsere Antworten Ihnen Ihre Angst vor einem Besuch im Weserstadion genommen haben und hoffen Sie bald zu einem Heimspiel begrüßen zu dürfen.

Für weitere Informationen und Ticketwünsche steht Ihnen selbstverständlich auch unsere **Werder-Hotline** unter folgender Nummer zur Verfügung:

01805 – 937 337
oder
www.werder-online.de

Mit freundlichen Grüßen
Werder Bremen GmbH & Co. KG aA

André Appel
Leiter Ticketcenter

Werder Bremen GmbH & Co KG aA · Vorsitzender des Aufsichtsrates: Dr. Franz Böhmert
Am Weserstadion 7 · 28205 Bremen · Telefon 01805/937 337 · Fax 0421/49 35 55 · E-Mail: info@werder-online.de · www.werder-online.de

Sparkasse Bremen · BLZ 290 501 01 · Konto-Nr. 113 4436 · Bremer Landesbank · BLZ 290 500 00 · Konto-Nr. 10 3624 7008 · IBAN DE 30 2905 0000 1036 2470 08
Amtsgericht Bremen HRB 21775 · Ust-Identnummer DE 813837844 · Steuer-Nr. 71-548/01817
Komplementärin: Werder Verwaltungs GmbH · Geschäftsführung: Jürgen L. Born (Vorsitzender), Klaus Allofs, Klaus-Dieter Fischer, Manfred Müller
Amtsgericht Bremen HRB 21538 · Steuernummer 71-548/01825

Heimspielfreude: Stromausfall an der Weser so gut wie ausgeschlossen

BVB 09

BORUSSIA
DORTMUND

BORUSSIA DORTMUND Postfach 100509 • 44005 Dortmund

Frau
Giselda von Große-Tytten
Lipper Kamp 29

49078 Osnabrück

30.04.04

Sehr verehrte Frau Giselda v. Große-Tytten, geb. Comini,

obwohl unser Fußballverein jeden Tag eine bemerkenswert große Anzahl postalischer Eingänge zu verzeichnen hat, war es uns eine besondere Ehre, am 15. April Ihren Brief mit dem großartigen Wappen derer v. Große-Tytten erhalten zu dürfen.

Gerne möchten wir versuchen, Ihre Sorgen zu lindern und Ihre Bedenken zu zerstreuen. Eine Visite Ihrerseits in unserem Westfalenstadion können wir unter den von Ihnen beschriebenen Bedingungen als höchst unkompliziert und in der Regel als völlig unproblematisch und gänzlich gefahrlos beschreiben.

Selbst die Möglichkeit der Mitnahme resp. des Mitbringens von Wertgegenständen aus Osnabrück resp. von Ihrem Familiensitz in Dobbiaco ist unter Berücksichtigung aller Gegebenheiten ganz und gar ohne Bedenken möglich. Die Sitzplatzbereiche unseres Stadions gewähren während der Veranstaltung, in Ihrem Falle während eines sogenannten Flutlichtspiels, das in den Abendstunden zur Durchführung gelangt, die Möglichkeit, sich unbedrängt und in sicherer Manier zu bewegen. Gleiches gilt für die Phase des Betretens und des Verlassens des Stadions.

Gleichzeitig erlauben wir uns, höflichst darauf hinzuweisen, dass ein Besuch der Stehplatzbereiche, in denen unsere Besucher ohne die Möglichkeit des Sich-Hinsetzens der Veranstaltung beiwohnen, durchaus mit kleineren – wenngleich harmlosen – Drängeleien, sprich Körperkontakten, verbunden ist, weshalb wir Ihnen, sehr verehrte Frau Giselda v. Große-Tytten, geb. Comini, empfehlen möchten, Eintrittskarten für die Sitzplätze des Westfalenstadions zu nutzen. Selbstverständlich können Sie sich jederzeit von Ihrem Platz erheben, beispielsweise zur Einnahme von Erfrischungen oder zum Zwecke des Jubelns.

Mit freundlichen Grüßen

Borussia Dortmund GmbH & Co. KGaA

Josef Schneck
Öffentlichkeitsarbeit

Weltpokalsieger 1997 • Champions-League-Sieger 1997 • Europa-Pokalsieger 1966 • Deutscher Meister 1956 1957 1963 1995 1996 2002
Deutscher Pokalsieger 1965 1989 • Supercupsieger 1989 1995 1996 • Deutscher A-Junioren-Meister 1994 1995 1996 1997 1998

Borussia Dortmund GmbH & Co. KGaA
Sitz und Handelsregister:
Dortmund, HRB 14217
Vorsitzender des Aufsichtsrats:
Dr. Winfried Materna

Persönlich haftend:
Borussia Dortmund Geschäftsführungs-GmbH
Sitz und Handelsregister: Dortmund, HRB 14206
Geschäftsführung: Dr. Gerd Niebaum (Vors.)
Dipl.-Kfm. Michael Meier

Rheinlanddamm 207-209
44137 Dortmund
Telefon: +49 (0) 231 90200
Telefax: +49 (0) 231 9020105
Internet: www.borussia-dortmund.de
e-mail: verein@borussia-dortmund.de

Deutsche Bank AG, Dortmund (BLZ 440 700 50)
Konto-Nr. 128 884 400
Dortmunder Volksbank e G (BLZ 441 600 14)
Konto-Nr. 3 207 000 300
Finanzamt Dortmund-West
St-Nr.: 314/5700/1142

BUNDES LIGA

DSC Arminia Bielefeld
Sportclub der Ostwestfalen

BUNDES LIGA

dein herz. dein club.

SCHÜCOARENA

Geschäftsstelle - Schüco Arena
Melanchthonstraße 31a · 33615 Bielefeld
Telefon +49 521 96611-0 und 13 14 15
Telefax +49 521 96611-11
E-Mail: kontakt@arminia-bielefeld.de
www.arminia-bielefeld.de

Bankverbindungen:
Volksbank Bielefeld eG
BLZ 480 600 36 · Kto.-Nr. 728 222 300
Deutsche Bank AG
BLZ 480 700 20 · Kto.-Nr. 0 126 771

DSC Arminia Bielefeld GmbH & Co. KGaA · Postfach 10 04 87 · 33504 Bielefeld

Frau
Giselda v. Große-Tytten
Lipper Kamp 29

49078 Osnabrück

Ihr Schreiben:	Unser Zeichen:	Ansprechpartner:	Durchwahl:	Datum:
vom 14.04.04	Ke/No	Roland Kentsch	0521/96611-14	15.04.04

Sehr geehrte Frau von Große-Tytten,

auch wir wollen nicht versäumen Ihnen unsere allerbesten Glückwünsche zu Ihrem 80sten Geburtstag auszusprechen und mit Ihnen für die kommenden Jahre auf Gesundheit und Zufriedenheit hoffen.

Es wird Sie nicht wundern, dass wir das Geburtstagsgeschenk Ihrer Enkelkinder nicht nur für originell, sondern auch für sehr passend halten, weil es nie zu spät ist, ein bekennender Fan von Arminia Bielefeld zu werden, zumal der Frauenanteil in den deutschen Fußballstadien und auch bei uns stark steigend ist und bereits jetzt 25 Prozent ausmacht.

Wir können Ihnen versichern, dass Sie für den Fall, dass Ihre Enkel Ihnen eine Karte für einen Sitzplatz geschenkt haben, nicht um Ihre Gesundheit und auch nicht um Ihr Hab und Gut fürchten müssen. Der Strom ist auch noch nie ausgefallen, und selbst wenn er ausfallen sollte, verfügen wir über Notstromaggregate, die die Sicherheit unserer Zuschauer gewährleisten.

Da es selten ist, dass eine Dame in Ihrem Alter das erste Mal ein Fußballstadion betritt, würden wir uns darüber hinaus freuen, wenn Sie unsere Einladung zu einem Aufenthalt in unseren VIP-Räumen annehmen würden – die wir hiermit aussprechen. Sollten Sie Interesse hieran haben, setzen Sie sich doch bitte kurzfristig mit unserer Sekretärin, Frau Nolteernsting, Tel.: 0521-96611-14, in Verbindung, die dann das Notwendige veranlassen wird. Vielleicht ergibt sich ja sogar die Gelegenheit zu einem kurzen Treffen. Hierüber würde ich mich sehr freuen.

Mit freundlichen Grüßen

DSC Arminia Bielefeld

Roland Kentsch

Geschäftsführer: Roland Kentsch und Thomas v. Heesen – Aufsichtsrat (Vorsitzender): Hans-Hermann Schwick
Komplementärin: DSC Arminia Bielefeld Management GmbH
Steuernummer: 305/5972/0513 · Ust-Identnummer: DE 813444626

Amtsgericht Bielefeld HRB 37377
Amtsgericht Bielefeld HRB 37339

kik TEXTIL-DISKONT · uhlsport · Herforder Pils · Coca-Cola · WESTFALEN-BLATT die informative · kik TEXTIL-DISKONT

VIP-Einladung: Frauenanteil steigt auch bei der Arminia

Giselda v. Grosse-Tytten geb. Comini

Mitglied der kath. Frauengemeinschaft Osnabrück
urkundlich seit 1217

Diakonisches Werk
Drogenberatung
Lotter Str. 125

49078 Osnabrück

11.5.2004

Sehr geehrte Damen und Herren,

ich bin 82 Jahre alt und lebe in einer schönen Seniorenanlage hier in Osnabrück.

Ich werde rührend versorgt und alle sind auch nett zu mir. Dennoch habe ich große Probleme mit der täglichen Langeweile. Hier sitzen fast alle nur vor dem Fernsehgerät oder auf der Gartenbank. Mich ödet das an. Ich möchte die letzten Jahre noch was erleben.

So habe ich vor Wochen schon mit der Aquarellmalerei begonnen und auch schon ein paar erste (erotische) Gedichte geschrieben. Nun möchte ich noch einen Schritt weitergehen.

Ich möchte gern Drogen nehmen.

Wenn es stimmt, was so in der Zeitung steht, dann muss das ja ein tolles Gefühl sein. Man sieht schrille Farben und ist sehr lustig. Das möchte ich am eigenen Leib erfahren. In meinem Alter kann mir ja nicht mehr viel passieren. Ich bin sehr willensstark und werde so schnell nicht süchtig. Wenn doch, ist es ja auch nicht schlimm.

Können Sie mir eine Droge empfehlen, die für den Anfang genügt? Kennen Sie andere alte Menschen mit dem gleichen Problem? Wissen Sie, ob die Grauen Panther in dieser Richtung schon was veröffentlicht haben?

Mit freundlichen Grüßen

Lipper Kamp 29 49078 Osnabrück
Familiensitz Via Dolomiti 39034 Dobbiaco Dolomiti Alto Adige Italia

KATHOLISCHE FRAUENGEMEINSCHAFT DEUTSCHLANDS | **kfd** | **Diözesanverband Osnabrück**

Domhof 12,
49074 Osnabrück
Tel.: 05 41 / 3 18 - 2 51 u. - 2 64
Fax: 05 41 / 3 18 - 57 - 2 51
E-Mail: kfd@bistum-os.de

Bankverbindung:
Sparkasse Osnabrück
BLZ 265 501 05
Kto.-Nr. 204 958

Katholische Frauengemeinschaft Deutschlands (kfd),
Diözesanverband Osnabrück, Postfach 13 80, 49003 Osnabrück

neu:
e-mail: kfd@bistum-os.de

Frau
Giselda von Grosse Tytten
Lipper Kamp 29

49078 Osnabrück

17. Juni 2004

Sehr geehrte Frau Giselda von Große - Tytten.

In den letzten Tagen wurden wir von verschiedenen Seiten darauf aufmerksam gemacht, dass wir mit Ihnen ein ganz besonderes Mitglied in Osnabrück haben.
Verwunderlich, dass wir bisher nicht von Ihnen wussten. Zwar zählt unser Verband 56.000 Mitglieder in der Diözese, aber wir halten intensiv Kontakt untereinander und von einem adligen Mitglied, mitten in Osnabrück - und so vielfältig aktiv und interessiert - müßten wir eigentlich Kenntnis haben.

Überprüfen Sie bitte einmal, ob Sie wirklich eingetragenes Mitglied sind.

Wann haben Sie das letzte mal an einer Versammlung teilgenommen?? Die spirituelle Ausrichtung ihres Gebetskreises - lassen sie uns das sagen - entspricht so gar nicht dem Profil unseres Verbandes. Und - ist Ihnen da ein Tipp-Fehler unterlaufen?? Urkundlich seit 1217 bezieht sich wohl auf Ihre Familie, wir sind gerade erst 50 Jahre alt. Haben Sie etwa nicht mitgefeiert bei "mittendrin und vorneweg" - unserem Jubiläum 2003 in der Stadthalle?? Mit Ihren 82 Jahren hätten wir Ihnen dort einen Ehrenplatz auf dem roten Sofa reserviert!

Für Ihr Interesse in Sachen Verbrechensbekämpfung wäre unser AK -Gesellschaftspolitik der richtige Ansprechpartner gewesen. Da geht es z. B. um die Bekämpfung der vielen Formen der Gewalt gegen Frauen.

Und wenn Sie einen sanften Einstieg in die Drogen suchen empfehlen wir unseren fair gehandelten kfd-Kaffee.

Liebe Frau Giselda - Im Rahmen unseres Projektes "Frauenleben sind vielfältig" ist gewiss auch für Sie Platz unter dem großen Dach der kfd - nur mit ihrem Gebetskreis müssten wir nochmal sprechen.

In diesem Sinne
mit schwesterlichen Grüßen

B. Langhorst

Barbara Langhorst
Geschäftsführende Referentin

Empfehlung: Versuchen Sie es mit unserem kfd-Kaffee

Giselda v. Große-Tytten *geb. Comini*

Mitglied der kath. Frauengemeinschaft Osnabrück
urkundlich seit 1217

Frau Barbara Langhorst
Katholische Frauengemeinschaft
Diözesanverband Osnabrück
Postfach 1380

49003 Osnabrück

8.7.2004

Betr.: **Ihre lieben Worte vom 17. Juni 2004**

Liebe Frau Langhorst,

herzlichen Dank für Ihren netten Brief vom 17.6.2004

Sie können meinen roten Kopf nicht sehen! Mit Recht machen Sie mich darauf aufmerksam, dass ich meinen Mitgliedsantrag noch nicht bei Ihnen abgegeben habe. Das wollte ich schon längst getan haben, doch immer kam was dazwischen. Erst war es der 1. Weltkrieg, dann der 2. Weltkrieg....Das Formular ist schon ganz vergilbt. Ich hoffe, Sie können meine Entschuldigung nachvollziehen und akzeptieren.

Ehrlich gesagt, ich hatte auch viele Jahrzehnte Zweifel, ob ich wegen meines etwas mißverständlichen Doppelnamens überhaupt ordentliches Mitglied in Ihrer wohl eher konservativen Vereinigung werden könnte. Ich bin nämlich wegen meines Namens, der doch so tiefe historische Wurzeln hat, schon oft verspottet worden. Inzwischen kann man die ja schon in jeder Illustrierten sehen.

Nun machen Sie mir Mut, dass ich trotz meines hohen Alters noch einen Platz in Ihrem Projekt „Frauenleben sind vielfältig" finden könnte. Als kleine Wiedergutmachung und als persönlichen Einstieg könnte ich Ihnen einen Diavortrag anbieten mit 1200 Dias, die mein Großvater als Kolonialoffizier in Deutsch- Südwest aufgenommen hat.

Erst mal fahre ich allerdings in der nächsten Woche für 12 Tage zur Kur, um meine Sinne wieder in Ordnung zu bringen. Anschließend springe ich mal bei Ihnen rein, um auch den Antrag abzugeben. Sie haben doch hoffentlich ein stufenloses Büro, das ich mit meinem Gehwagen problemlos erreichen kann, oder?

Grüßen Sie schon einmal die anderen Betschwestern ganz herzlich

Ihre verlorene ~~Tochter~~

Ein Blech Beerdigungskuchen für alle werde ich mitbringen

Lipper Kamp 29 49078 Osnabrück
Privatbank Partin: Kto. 43221 (345 675 07)
Familiensitz: Via Dolomiti 39034 Dobbiaco - Dolomiti Alto Adige Italia

BAYERN
DREI
3
KREUZER
FRANCO
SACHSEN
www.briefmacker.de
Herrn
Harald Kiesel
WINFRIED BORNEMANN

POSTAGE
SACHSEN
SCHREIB
NIE
WIEDER
POST
Geheim!
EINGEGAN
09. Jan.
BAYERN
DREI
3
KREUZER
FRANCO
BERICHT ZUR LAGE DER NATION
Herrn
Bodo Horn-Rumold
c/o Baumhaus Verlag
Juliusstr. 12 HH
60487 Frankfurt
Winfried Bornemann
Osnabrück
(nach Diktat schnell verreist)

Winfried Bornemann
Lipper Kamp 29   49078 Osnabrück

Herrn
MdB Hans-Christian Ströbele
Bündnis 90, die Grünen
Platz der Republik 1

11011 Berlin

7.5.2004

Betr.: **Imagekorrektur**

Lieber Herr Ströbele,

Sie kennen vermutlich Ihr weichliches Image und überlegen, wie Sie aus dieser Ecke rauskommen können.

Dafür habe ich eine ultimative Idee, die Ihnen im wahrsten Sinne schlagartig weiterhilft.

Kurze Vorbemerkung: ich bin Stuntman, habe eine Figur wie ein durchtrainierter Zuhälter, mein Gesicht wirkt auf manchen leicht brutal.

Stellen wir uns folgende Situation vor: Wir verabreden uns in Berlin. Ich greife Sie auf
offener Straße mit einer harmlosen "Waffe" aus dem Theaterfundus an und lasse mich dann von Ihnen nach Ihren Wünschen effektvoll zusammenschlagen. Zufällig in der Nähe befindet sich ein (natürlich von mir beauftragter) Fotograf.

Sie verzichten anschließend großzügig auf eine Anzeige und sagen einfach:"Der Kerl hat seine Lektion schon bekommen" und ich sage in Interviews:"Donnerwetter, Respekt, ich wollte nur testen, was der Typ draufhat!"

Das bringt Ihnen eine klasse Image und Ihrer Partei Prozente satt .
Mein Honorar: 1500 Euro plus Spesen.

Wenn Sie sich nicht innerhalb von vier Wochen melden, heißt das dann, ich soll lieber unangemeldet kommen?

Bis bald Ihr

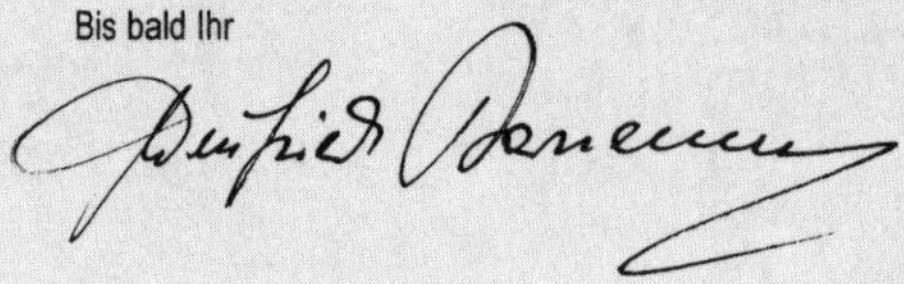

Hans Christian Ströbele
Mitglied des Deutschen Bundestages

Bundeshaus

Jakob-Kaiser-Haus 6
Dorotheenstraße 101
10 117 Berlin
☏ (030) 227 – 71503
🖷 (003) 227 – 76804
✉ hans-christian.stroebele@bundestag.de

Wahlkreis
✉ hans-christian.stroebele@wk.bundestag.de

Friedrichshain
Dirschauer Str. 13
10 245 Berlin
☏ (030) 2977 2895
🖷 (030) 3990 6084

Kreuzberg
Dresdener Straße 10
10 999 Berlin
☏ (030) 6165 6961
🖷 (030) 3990 6084

Hans Christian Ströbele, MdB · Platz der Republik 1 · 11 011 Berlin

Winfried Bornemann
Lipper Kamp 29
49 078 Osnabrück

Berlin, den 1010. Mai 2004

Sehr geehrter Herr Bornemann,

wir haben Ihr Schreiben vom 7.5.2004 erhalten und darüber schallend gelacht.

Auch ohne die verblüffende Namensgleichheit zwischen dem Stuntman Bornemann und dem bekannten „Jux-Briefeschreiber" Winfried Bornemann hätten wir eher an eine Titanic-Aktion geglaubt als daran, dass ein solcher Vorschlag im Ernst unterbreitet wird.

Wäre er denn ernst, so wäre er natürlich selten dämlich. Ich will nicht auf alle Aspekte eingehen, sondern nur auf einen:

Dem Briefeschreiber muss dringend empfohlen werden, sich die Adressaten seiner Briefe genauer anzuschauen. Herr Ströbele hat kein weichliches Image. Herr Ströbele ist am 20.09.2002 von einem polizeibekannten Neonazi von hinten angegriffen worden und auf den Hinterkopf geschlagen worden. Nach dem Niederschlag hat Herr Ströbele den Täter, der mit einem Totschläger bewaffnet war, allein über mehrere Strassenzüge verfolgt und den Täter dann mit Hilfe einer zufällig vorbeikommenden Polizeistreife in einem Hauseingang gestellt. Der Täter ist inzwischen auch für diese Tat verurteilt. Dies alles ist leider blutiger Ernst in Deutschland auch noch in diesem Jahrtausend.
Der Tatablauf, die mutmaßliche Tatwaffe, die Verbindungen des Täters zu Gruppe Kay Diesner, die Verbindungen des Täters zu Sprengstoffanschlägen in Deutschland und Österreich, seine Verurteilungen u.a. wg. Verstosses gegen das Kriegswaffenkontrollgesetz, sein Himmler-Bild in seiner Wohnung etc. etc. wurden breit in den Medien dargestellt. Ein gestellter medialer Promotions-Versuch in der angebotenen Art wäre nicht nur falsch und töricht, sondern auch überflüssig, weil die Wirklichkeit bereits wesentlich deutlicher bewiesen hat, dass Christian Ströbele kein Weichei ist.

Mit anhaltendem Schmunzeln

Dietmar Lingemann

BUNDESVERBAND DER RADIKALFEMINISTINNEN

Ortsgruppe Osnabrück

Geschäftsstelle: Lipper Kamp 29   49078 Osnabrück

Franz Müntefering
SPD Parteivorstand
Willy-Brandt-Haus

10963 Berlin

11.5.2004

Sehr geehrter Herr Müntefering,

es ist schon sehr bedauerlich, dass die Abkürzung Fr. Müntefering für Franz M. steht und nicht für Frau M.

Sie konnten den Einfluss unseres Verbandes in den vergangenen Jahren nicht übersehen. Ihre Kolleginnen im Vorsitz der anderen Parteien konnten wir ohne Schwierigkeiten durchboxen.

Obwohl die CDU ja ein Macho-Kaderverband ist, heisst die Vorsitzende Frau Merkel, auch in der FDP gelang uns mit Frl. Westerwelle ein vergleichsweise kleinerer Coup. An der grünen Damenriege beißen Sie sich ja schon seit längerem die Zähne aus. Alle Genannten gehören unserem Verband an.

So, und nun geht es der SPD an den Schniedel!

Lieber Münte, letzter Polit-Chauvie, verzichten Sie freiwillig auf den Parteivorsitz zugunsten einer von uns oder müssen wir unsere bewährten Maßnahmen ergreifen?

Bitte teilen Sie uns mit, ob Sie den Kampf suchen oder die weiße Flagge hissen wollen.

Mit freundlichen Grüßen

B. Hornemann

(Bianca Hornemann)
Geschäftsführerin

Tel. 0541-4430061   email: borneconsult@web.de   St.Nr. 63/432/07856
Bankverbindungen: Sparkasse Osnabrück   1633265438   (BLZ: 265 501 05)
Postbank Hannover   7456-654   (BLZ: 250 100 30)   Gerichtsstand: Osnabrück

Sozialdemokratische Partei Deutschlands
Vorsitzender

Frau
Bianca Hornemann
Lipper Kamp 29
49078 Osnabrück

Mechthild Reith - Referentin-

4.6.2004

Sehr geehrte Frau Hornemann, liebe Radikalfeministinnen in Osnabrück,

zugegeben- Ihr Brief hat mir schon ein Lächeln entlockt. Aber Männer diskriminieren, wollen wir doch auch nicht.(S. Frl. Westerwelle) Sonst hätten wir ja schlechte Eigenschaften übernommen von ihnen und wären nicht die besseren Menschen...

Leider konnte ich diesen Brief Franz Müntefering nicht vorlegen, er würde sich sonst zu viele Gedanken machen.

Liebe Radikalfeministinnen, sollte Ihnen entgangen sein , dass die SPD als erste Partei die Quote bereits 1988 eingeführt hat und alle Gremien streng paritätisch besetzt sind? Eine ASF haben wir auch schon lange, die ist mindestens so radikal wie die Ortsgruppe Osnabrück.

Und Frau Merkel ist wirklich Mitglied? Ich glaube nicht, dass sie weiß was Feminismus ist oder mal war...

Schönste Grüße aus Berlin

Mechthild Reith

Willy-Brandt-Haus
Wilhelmstr. 141
10963 Berlin
Postanschrift:
10911 Berlin

Telefon (0 30) 2 59 91-0
Telefax (0 30) 2 59 91-4 10
Telegramm-Adresse:
Sopade Berlin

e-mail:
parteivorstand@spd.de
Internet:
http://www.spd.de

SEB AG
Berlin
BLZ 100 101 11
Konto 1000 435 800

SPD

Wolfgang Amadeus Mozart
1756 - heute

Geschäftsleitung
Milka
c/o Kraft Foods Deutschland
Postfach 107840

28078 Bremen

25.5.2004

Hoch schätzbareste Herren!

Als Compositeur neuer musique biethe ich Ihnen meine Dienste an. Bishero habe ich etliche teutsche Operas und allerley Stücke zur Instrumentirung geschaffen.
Auf meiner Reise von Wien nach Norden bin ich iezt mit einem geschwindten Sechsspänner im schönen Osnabrueck angelangt, wo ich zu bleiben gedencke. Ich habe auch schon ein Componirstübchen gemiethet, um von hier aus musique zu setzen, die mir aus finanzieller Noth verhülfen soll.

Mein Freund van Beethoven setzte mich in Kenntnüß, daß Sie eine Televisionswerbunck planen, für die eine musique nothwendig sey, die keinem Menschen mehr aus dem Gedächtnüß gehen dürfe. Glauben Sie mir, wertheste Herren, hierfür finden Sie keinen geeigneteren Compositeur denn mich!

Als Soubscriptions-Geld erwarthe ich 8 Dukaten.

Mein Kopf sprudelt bereits über von starcken Melodien, die magnifique in diese neumodischen Flimmerkästen paßen.
Bitte seyen Sie so freundlich, mir ein billet zu senden und mitzutheilen, wann wir uns berathen können.

Ihr wahrer Freund und Diner
W. A. Mozart

logieret bey: Bornemann Stift Lipper Kamp 29 49078 Osnabrück

 Mozart an Milka Kraft Foods: 8 Dukaten als Soubscriptions-Geld

Kraft Foods

Kraft Foods Österreich GmbH
10., Wienerbergstraße 7
A-1810 Wien
Tel.: (+43-1) 605 44
Fax: (+43-1) 605 44-501
www.kraftfoods.at

Bornemann Stift
Herrn
Wolfgang-Amadeus Mozart
Lipper Kamp 29

49078 Osnabrück

Wien, den 22. Juli 2004

Kontakt-Nr.: 336661

Sehr geehrter Herr Mozart,

vielen Dank für Ihr Schreiben und Ihr überaus freundliches Angebot für uns Musik zu komponieren. Wir haben es mit Interesse gelesen und uns sehr gefreut, dass Sie an uns gedacht haben.

Leider besteht im Moment jedoch kein Bedarf an einer Komposition für eine Fernsehwerbung.

Als Dankeschön für Ihr Schreiben und die Mühe, die dahinter steckt, senden wir Ihnen jedoch 15 (Mozart)taler für Ihre allfälligen Auslagen.

Mit freundlichen Grüßen

Kraft Foods Österreich GmbH
Consumer Response

Edith Rührer   Andreas Zednicek

Raiffeisen Zentralbank Österreich AG. Kto. Nr. 100.599.902 (BLZ 31000)
Registriert beim HGR Wien unter FN 125582f. Gesellschaftssitz Wien. UID-Nr. ATU 14388401. ARA-Lizenznr. 846. DVR 0174335

Kraft Foods an Mozart: 15 Taler für allfällige Auslagen

WINFRIED BORNEMANN

Professor für Verbalethik an der Universität Münster

Menke Gebäudeservice
Postfach 2009

59710 Arnsberg

20.6.2004

Bewerbung als Glasreiniger

Sehr geehrte Damen und Herren,

für mich kann der Traum vom einfachen, bescheidenen Leben wahr werden, wenn Sie mich einstellen würden.

Seit vielen Jahren spiele ich schon mit dem Gedanken, meine sehr hoch dotierte Position als Professor für Verbalethik an der Universität Münster zu verlassen. Zu viele Seminare, Konferenzen, frustrierte Studenten und reden, reden, immer nur ...reden!! Als wäre der Mensch dafür geschaffen, immer nur den Kopf auf- und zuzumachen. Damit könnte nun Schluss sein!!

In der mir verbliebenen Freizeit habe ich mich intensiv in allen Handwerkssparten fortgebildet und bei Aldi jede Menge Werkzeug erstanden.

Verzeihen Sie mir, aber ich glaube, dass mein Ausbildungs- und technischer Wissensstand dem eines fortgeschrittenen Gesellen entspricht. Die Arbeit mit einfachen Materialien jeder Art hat mir immer besonders am Herzen gelegen.

Gern wäre ich mit meinen zukünftigen Arbeitskollegen auf Du und Du, würde gern nach Feierabend ein Gläschen mit ihnen trinken, vielleicht sogar in einer normalen Gastwirtschaft. Hoffentlich stört Sie mein Alter von 54 Jahren nicht.

Ich wäre glücklich, wenn Sie keine sozialen Vorurteile (z.B. „Eierköpfe") kennen und einem alternden Geisteswissenschaftler noch eine praxisorientierte Alternative böten.

In den kommenden Semesterferien wäre ich bereit, auch mal zwei Wochen zur Probe zu arbeiten.

Mit freundlichen Grüßen

Lipper Kamp 29, 49078 Osnabrück

Menke
Gebäudeservice

Menke Gebäudeservice GmbH & Co. KG P.F. 2009 59710 Arnsberg

Herrn
Winfried Bornemann
Lipper Kamp 29

49078 Osnabrück

Arnsberg, 05.07.2004
Sekretariat / Frau Peuker
☎ 0 29 32 / 97 09 - 31
🖷 0 29 32 / 97 09 – 99 31
e-mail: info@menke-gs.de

Ihre Bewerbung vom 20.6.2004 als Glasreiniger

Sehr geehrter Herr Bornemann,

zunächst bedanken wir uns recht herzlich für Ihr außergewöhnliches Interesse an einer Mitarbeit in unserem Hause.

Da wir trotz der Vielzahl der bei uns eingegangenen Bewerbungen bisher niemals einen Bewerber Ihres Genres darunter hatten, waren wir zunächst sehr geneigt, Ihre vollständigen Unterlagen (Curriculum Vitae, Arbeits- und Schulzeugnisse) anzufordern bzw. Sie zu einem persönlichen Gespräch einzuladen. Nach eingehender Überlegung durch unsere Personal- und Geschäftsleitung sind wir aber zu dem Entschluss gekommen, dass Sie, werter Herr Bornemann, für die ausgeschriebene Stelle ein wenig überqualifiziert sind. Allerdings glauben wir nicht, dass Ihre in Ihrer Freizeit angeeigneten handwerklichen Fähigkeiten sich mit dem Wissensstand eines Gebäudereiniger-Gesellen messen können. Sollten wir jedoch einmal Bedarf an einem Hilfsarbeiter haben, wenden wir uns in den Semesterferien gern an Sie.

Leider ist uns die Fachrichtung Verbalethik nicht geläufig, vielleicht dürfen wir Ihnen ja einmal als Gasthörer an der Uni Münster lauschen.

Bitte erlauben Sie uns, Ihnen ein Tipp mit auf den Weg zu geben: Bleiben Sie der Geisteswissenschaft treu und suchen Sie sich einen Ausgleich, indem Sie sich in Ihrem Familien- und Freundeskreis als Heimwerker betätigen.

Wir wünschen Ihnen weiterhin viel beruflichen und privaten Erfolg.

Mit freundlichen Grüßen

Menke Gebäudeservice
GmbH & Co. KG

i.A.

Menke Gebäudeservice
GmbH & Co. KG
Von-Siemens-Straße 2
59710 Arnsberg

Postfach 2009
59710 Arnsberg

Tel. (0 29 32) 97 09-0
Fax (0 29 32) 97 09-99 10
E-Mail info@menke-gs.de
www.menke-qs.de

Sitz und Handelsregister Arnsberg, HRA-Nr. 2365
PhG Menke Verwaltungs GmbH,
Handelsregister Arnsberg, HRB-Nr. 625
Geschäftsführerin: Elisabeth Leinweber-Brinias

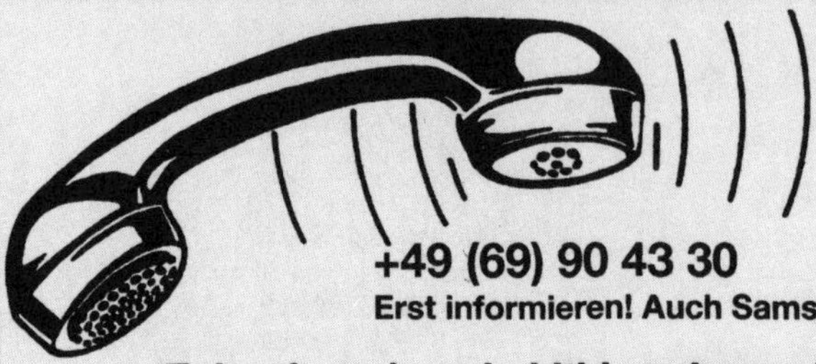

+49 (69) 90 43 30

Erst informieren! Auch Samstag/Sonntag von 17.00-19.00 Uhr

Zukunftsweisende Lithium-Ionen-Polymer-Technologie

Ltr. Entwicklung/Technik

bei international tätigem Technologieführer im Bereich Batterieherstellung

Arbeiten Sie auf der Basis eines fundierten Studiums bereits seit mehreren Jahren im Bereich Entwicklung und/oder Technik in der Batterie- oder Kondensatoren-Branche? Konnten Sie Ihre technischen Kenntnisse und Erfahrungen darüber hinaus durch das notwendige kfm. Wissen ergänzen? Können Sie Impulse auslösen, Konzepte entwickeln und diese zielkonform durchsetzen? Sprechen Sie sehr gut Englisch? Suchen Sie jetzt die Chance in einer hoch anspruchsvollen Aufgabe, die Zukunft eines Unternehmens mit zu gestalten? Dann lesen Sie bitte: Im Bereich Forschung, Entwicklung und Produktion haben wir uns in der Batterie-Branche einen Technologievorsprung erarbeitet. Unser Produktportfolio ist so ausgerichtet, daß auf der einen Seite attraktive Märkte (OEM's) bereits bedient, auf der anderen Seite aber auch völlig neue Produkte für High-Tech-Märkte entstehen werden. Dabei erleben wir eine rasche und sehr erfolgreiche Entwicklung. Für die Realisierung unserer sehr ehrgeizigen Ziele suchen wir Sie als Leiter Entwicklung/ Technik. In dieser Position arbeiten Sie u.a. sehr eng mit unseren unterschiedlichen Kundengruppen zusammen, entwickeln auf deren Anfrage neue Produkte und versetzen die Fertigung in die Lage, diese in Serie zu produzieren. Ihre ausgeprägte Team- und Kommunikationsfähigkeit setzen wir dabei voraus. Ihre Kreativität verbunden mit Ihrem Gespür für Produkte und Märkte tragen somit entscheidend zur Verwirklichung unserer geschäftlichen Ziele bei. Sie berichten direkt an den Vorsitzenden der Geschäftsführung. Mehr sagt Ihnen gerne unser Berater: Rufen Sie Herrn Briol an, Kennziffer F 4128.

Baumann Unternehmensberatung

Frankfurt ◊ London ◊ Paris ◊ New York ◊ Buenos Aires

Hanauer Landstr. 220 • D-60314 Frankfurt am Main • www.baumann-ag.com

Telefon +49 (69) 90 43 30 • Telefax +49 (69) 90 43 31 70

NILOLAUS HOHENLOHE

Baumann Unternehmensberatung
Hanauer Landstraße 220
60314 Frankfurt am Main

24.3.2004

Bewerbung als Leiter Entwicklung / Technik bei international tätigem Technologieführer im Bereich Batterieherstellung

Sehr geehrte Damen und Herren,

schon fast auf dem Sprung in die USA, sehe ich Ihre Anzeige in der FAZ und atme tief durch.
Bis zum vergangenen Monat habe ich als Leiter einer Forschungsgruppe in Singapur an Projekten zur innovativen Energiespeicherung gearbeitet. Was Sie in Ihrer Anzeige als zukunftsweisende Lithium-Ionen-Polymer-Technologie preisen, galt bei unseren Forschungen als längst überholt.

Wir waren schon bereit, die von uns selbst entwickelten Tropfen-Implantat-Speicherungen massiv auszubauen und revolutionäre modulare Flowing Energy Condenser zu entwickeln.

Vermutlich wünschen Sie ein Gespräch mit mir. Bitte nur ganz kurzfristig und unverbindlich, da ich meine USA-Termine nur um wenige Tage verschieben kann.

Mit freundlichen Grüßen

Lipper Kamp 29 49078 Osnabrück

Baumann Unternehmensberatung

Herrn
Nikolaus Hohenlohe
Lipper Kamp 29

D-49078 Osnabrück

Frankfurt, 29.03.2004

Kennziffer 4128

Sehr geehrter Herr Hohenlohe,

wir danken Ihnen für die uns gegebene Kurzinformation. Die darin genannten Faktoren lassen Sie als Bewerber interessant erscheinen. Um jedoch ein besseres Bild von Ihrer Person gewinnen zu können, werden noch weitere Fakten benötigt.

Bitte senden Sie uns deshalb noch Ihre kompletten Bewerbungsunterlagen - tabellarischer Lebenslauf, Zeugniskopien, Lichtbild usw. - zu.

Ferner würden wir es begrüßen, wenn Sie uns Ihre Erwartungen an das Anforderungsprofil einer neuen Position inkl. erwartetes Mindesteinkommen (auch im Vergleich zum Isteinkommen), mögliches Eintrittsdatum, Wohnortwechsel usw. kurz darstellen würden.

Mit freundlichen Grüßen

i.A. [signature]

BAUMANN UNTERNEHMENSBERATUNG

Baumann Unternehmensberatung Beteiligungs- und Verwaltungs AG
Hanauer Landstraße 220, 60314 Frankfurt am Main, Telefon 0 69/9 04 33-0, Telefax 0 69/9 04 33-1 70, Amtsgericht Frankfurt/M., HRB 43 477
Bankverbindung: Commerzbank AG, Frankfurt (BLZ 500 400 00), Kto.-Nr. 6 660 401, Vorstand: Dietmar Faller
www.baumann-ag.com

NILOLAUS HOHENLOHE

Baumann Unternehmensberatung
Hanauer Landstraße 220
60314 Frankfurt am Main

Bewerbung als Leiter Entwicklung / Technik
bei international tätigem Technologieführer
im Bereich Batterieherstellung

Ihr Brief vom 29.3.

Sehr geehrte Damen und Herren,

kommen gerade aus den USA, muss schnell weiter nach Taiwan und sehe Ihr Schreiben vom 29.3.
Vielen Dank dafür.

Habe mehrere hochdotierte Angebote aus den Staaten mitgebracht.

Meine Reputation in der Branche ist so groß, dass niemand von mir Lichtbilder, Lebensläufe und das gesamte übliche Zeug erwartet.

Bin vom 21.-26.4. wieder in Deutschland.
Danach muss ich eine Entscheidung treffen.

Gerne würde ich meinen Lebensmittelpunkt wieder nach Deutschland verlegen.

Mit freundlichen Grüßen
N. Hohenlohe

Lipper Kamp 29 49078 Osnabrück

Thomas Briol

Partner der Baumann Unternehmensberatung

Herrn
Nilolaus Hohenlohe
Lipper Kamp 29

49078 Osnabrück

16.04.2004

Ihre Bewerbung als Leiter Entwicklung/Technik

Sehr geehrter Herr Hohenlohe,

vielen Dank für Ihr Schreiben.

Bitte geben Sie uns Ihre Telefonnummer an, damit wir mit Ihnen in Kontakt treten können. Sie können dies auch gerne per E-Mail (raffaela.ricci@baumann-ag.com) oder Fax (069-90433-160) tun.

Im voraus vielen Dank.

Mit freundlichen Grüßen

i.A. Raffaela Ricci
-Sekretariat-
Baumann Unternehmensberatung

Thomas Briol, Hanauer Landstraße 220, 60314 Frankfurt am Main, Telefon 0 69/9 04 33-0, Telefax 0 69/9 04 33-1 70
Bankverbindung: Frankfurter Sparkasse (BLZ 500 502 01), Kto.-Nr. 0 355 802 910
www.baumann-ag.com

Giselda v. Grosse-Tytten geb. Comini

Mitglied der kath. Frauengemeinschaft Osnabrück
urkundlich seit 1217

Redaktion
Playboy Deutschland
Prinzregentenstr. 78

81675 München

LEIDER OHNE ANTWORT !

7.5.2004

Sehr geehrte Herren,

man hat mir zugetragen, dass Sie den Playboy grundlegend ändern und zu einer Heimstatt von Sitte und Moral formen wollen.

Dafür seien Sie gesegnet!

Sie haben zwar spät, aber noch nicht zu spät erkannt, dass des Menschen Glück nur lauten kann:
Lieben statt Lecken, Moral statt Oral, Sitte statt Tytte, Gottes Segen statt Rohr verlegen.
Nehmen wir also Abschied von Lust und Laster, Nabeln und Nippeln, Tanten und Tunten.

Ich möchte Ihnen auf Ihrem Weg der Läuterung helfen und bin bereit, eine regelmäßige Kolumne zum Triebabbau Ihrer lüsternen Leser zu schreiben. Titelvorschlag: Haltet den Trieb.!

Bitte lassen Sie mich schnell wissen, wann Redaktionsschluss ist, damit ich hurtig ein reinigendes Wortgewitter über Ihre Leser kommen lassen kann.

Mit freundlichen Grüßen

Lipper Kamp 29 -31 49078 Osnabrück
Familiensitz: Casa Dolomiti 39034 Dobbiaco Alto Adige Italia

Redaktionsschluss: Kolumne zum Triebabbau der lüsternen Leser

DEUTSCHE ROLLS-ROYCE JUGEND

Sektion Norddeutschland

PRÄSIDIUM

Bundesverband Deutscher Versicherungskaufleute
Herrn Dr. Gerd Pulverich
Kekulestr. 12

53115 Bonn

19.6.2004

Sehr geehrter Herr Dr. Pulverich,

unter dem Gesichtspunkt von Sicherheit, Verantwortung und Umweltschutz wäre es wünschenswert, wenn möglichst viele junge Leute einen „Rolli" fahren. Diesen Wagen fährt man lebenslang und zwar mit Freude. Für uns ist er der Mercedes unter den Autos.

Ein Problem unserer Mitglieder soll dennoch hier frei angesprochen werden, zumal wir hier um Ihre Mitwirkung bitten.

Viele haben gerade erst das 16. Lebensjahr vollendet und ihren Führerschein in Amerika gemacht. Hier bei uns dürfen sie ihren Wagen noch nicht alleine steuern. Sie sind es leid, sich immer nur vom Chauffeur in die Schule oder zum Tennis kutschieren zu lassen. Diese jungen Leute finden das „uncool" und wir haben ein gewisses Verständnis dafür. Man will eben heute nicht auffallen und gibt sich bescheiden.

Wir möchten anregen und durchsetzen, dass den Mitgliedern unseres Verbandes ein exclusives Recht auf den Führerschein schon mit 16 Jahren eingeräumt wird. Dies entspricht auch den Bestrebungen auf politischer Ebene, das Wahlalter zu senken.

Für die sittliche Reife unserer Mitglieder legen wir die Hände ins Feuer, zumal der Wert der Fahrzeuge eine undisziplinierte Fahrweise abwegig erscheinen lässt.

Können Sie uns die versicherungsrechtlichen Aspekte erläutern?

Mit besten Grüßen

(W. Bornemann)

Lipper Kamp 29 49078 Osnabrück

Tel. 0541-4430061 email: borneconsult@web.de
St.Nr. 63/432/07856 Gerichtsstand Osnabrück
Bankverbindungen:
Sparkasse Osnabrück 1633265438 (BLZ: 265 501 05)
Postbank Hannover 7456-654 (BLZ: 250 100 30)

Präsidium: Poldi v. Leverkusen Nikolaus v. Hohenlohe Giselda v. Große-Tytten Geschäftsführer: Winfried Bornemann

ROLLS-ROYCE ENTHUSIASTS' CLUB
SECTION GERMANY e.V.

PRESS OFFICER
Jürgen Th. Smuda

Eichenbachstr. 14
53639 Königswinter
Tel. 02244 877311,
juergen.smuda@rrec.de
www.rrec.de

Deutsche Rolls-Royce Jugend
Sektion Norddeutschland
Herrn W. Bornemann
Lipper Kamp 29
49078 Osnabrück

21. Juni 2004

e-Mail borneconsult@web.de

Sehr geehrter Herr Bornemann,

ich erlaube mir, ungefragt, auf Ihr Schreiben zu reagieren, das Sie mit Datum 19.06.2004 an einen Verband in Bonn sandten, von dem ich dieses zur Kenntnisnahme heute weitergeleitet erhielt.

Ihren Ausführungen vermag ich mich im Vollen anzuschließen: Denn auch ich war als Jugendlicher im Alter von 14 Jahren der Meinung, mein Fahrrad müsse nun ausgedient haben; zumal insbesondere zu beginnender Pubertät ein Klapprad aus Marketinggründen ungeeignet schien, sodass sehr früh die eigene Motorisierung als unausweichlich erkannt wurde. Ursprünglich angeschafft war jedoch zuerst eine Mahagoni-Motoryacht der Marke Riva. Allerdings gab es am Wohnort keine Gewässer, sodass der täglich Transport meiner Yacht auf dem elterlichen Schwertransporter erneut Abhängigkeiten zur Folge hatte und deshalb nur sehr wenig Flexibilität ermöglichte, bevor nach einigen Monaten sowieso ein völliges Umdenken zwingend nötig wurde, nachdem die Schulbehörde plötzlich Bedenken gegen die Folgen von Champagnerkonsum auf der auf dem Pausenhof meiner Schule täglich abgestellten (unter panamesischer Flagge wohlbemerkt) Riva-Yacht äußerte. Der Hinweis meines Vaters, er könne ggf. das Schulgelände, und bei Bedarf die ganze Schulbehörde, kaufen, konnte leider auch keine Änderung der Forderungen des Schuldirektors herbeiführen; hatte sogar Weiterungen zur Folge. So kam es, dass aus Gründen der Einfachheit ein erster Rolls-Royce für mich (nachdem meine Familie bereits seit 1927 Kunde ist, erhielten wir 7,5 % Junior-Rabatt auf den Kaufpreis) angeschafft wurde. Zuerst nahm ich einen Chauffeur in Dienst, aber, wie Sie sich denken können, kann ein solcher während der „Sturm- und Drangphase" hier und da schon zur Last werden; insbesondere, da dieser ständig mir meine Freundinnen ausspannte…

Die Idee mit dem USA-Führerschein war natürlich vor 21 Jahren, als ich selbst gerade 15 wurde, auch schon verlockend, wenn auch nicht immer praktikabel: Denn einerseits konnte zwar ein Führerschein auf Verlangen der Verkehrskontrolle gezeigt werden, aber nachdem die deutschen Behörden diesen einzogen, musste erneut eine Lösung gefunden werden. Und zwar eine bessere: Mein Vater hatte die Idee, dass ein USA-Führerschein nur die halbe Wahrheit sein kann, und dass das, was für unsere Yachten gut ist, für ein simples Automobil nicht von Schaden sein kann. Und wenn schon Amerika, so doch bitteschön wenigstens Mittel- oder Südamerika: Und so bekam ich zu meinem 16. Geburtstag am 03.01.1984, und ohne Zustimmungsnotwendigkeit hiesiger Behörden, nicht nur einen neuen Führerschein, diesmal einen aus Panama, sondern direkt auch ein panamesisches Konsulat h.c. (humoris causa) geschenkt - damit künftig Verkehrskontrollen mich im Ausleben meiner Jugendlichkeit nicht mehr behindern und alles, selbstverständlich, im legalen Rahmen bleibt.

Mit freundlichem Gruß

Jürgen Th. Smuda

Perfekte Antwort: Yachten, Champagner und humoris causa

MAIK MRDOVIC

Student

Herrn Landwirtschaftsminister
Hans-Heinrich Ehlen
Calenberger Str. 2

30169 **Hannover**

12.4.2004

Es stinkt gewaltig!

Werter Herr Minister Ehlen,

das kann doch nicht wahr sein! Neulich auf der A1 bin ich mit ein paar Kumpeln aus Frankreich unterwegs nach Hamburg zum
P. Diddy Konzert.

In der Nähe von Holdorf/ Vechta werden alle blass.
Jean sagt "Misch is übell, bitte reschts ran!" Ein unerträglicher Gestank nach Aas, Ammoniak, Hühnerkacke, Truthahnpisse, Schweinedreck und Bullenscheisse, Gülle mit jedem Atemzug!

Wir rechts ran zum Reiern. Da war kaum noch Platz - die gesamte Kriechspur wurde zur Kotzspur. Hunderte blasse, göbelnde Menschen.
Mann, war das peinlich. Gerade auch vor den Franzosen. Ich zur nächsten Polente und frag, wer dafür verantwortlich ist. Sie wissen schon, das ganze Revier brüllt Ihren Namen.

Meine Frage an Sie: Wie kann ein einzelner Mensch so einen Gestank verursachen?

Was Sie da machen ist Körperverletzung! Wie lange wollen Sie noch so weitermachen?

Ich stänker nicht so leicht rum, aber was Sie da machen, stinkt mir gewaltig!

Gruß mit zugehaltener Nase

Maik Mrdovic

LIPPER KAMP 29 49078 OSNABRÜCK

Hans-Heinrich Ehlen **Niedersächsischer Minister für den ländlichen Raum, Ernährung, Landwirtschaft und Verbraucherschutz**

21.04.2004

Herrn
Maik Mrdovic
Lipper Kamp 29

49078 Osnabrück

Werter Herr Student Mrdovic,

von Osnabrück nach Hamburg sollte man mit ein paar Kumpeln besser mit dem Zug fahren, zumal zu einem P.Diddy Konzert. Bietet sich vor allem bei der Rückfahrt an, damit die „Polente" hinterher nicht erst mühsam raus finden muss, wer gefahren ist.

In der Nähe von Vechta gibt's Landluft pur, das muss man abkönnen, wenn man hart sein will. Klar riechts bei einem Diddy Konzert besser (Fusel, Qualm, Schweiß), das könnte mal künstlerisch aufgegriffen werden – Tier Exkremente Geruch feat. Konzertluft. Übrigens: Truthähne können nicht „pissen" (wie Sie sich belieben auszudrücken), das sind nämlich Vögel. Aus so was Ähnlichem werden zum Beispiel „chicken wings" gemacht, kennen Sie vielleicht – knusprig braun am besten.

Aber reife Leistung: Hühner, Truthähne, Schweine und Bullen auf der A1 am Geruch unterscheiden zu können, schaffen bei uns nicht mal die Profis. Wie wär's mit nem Landwirtschaftsstudium? Das erweitert das Bewusstsein, nasenmäßig.

Mit freundlichen Grüßen

Calenberger Straße 2
30169 Hannover
Telefon (0511) 120-2083/2081
Telefax (0511) 120-2377
E-Mail hans-heinrich.ehlen@

Landluft pur: Minister empfiehlt Landwirtschaftsstudium

Winfried Bornemann
Unternehmer

An
Eins und Sein
Ernsting 31-32
A 5121 Ostermiething

Österreich

Liebe spirituelle Freunde,

gerade überlege ich, meine Residenz nach Österreich zu verlegen, da entdecke ich Eure Anzeige mit den herrlichen Angeboten für Energiewochenenden.

Besonders "Herz-Eröffnung II" spricht mich an. Denn da geht es um "Versöhnung mit dem Sein – Ankommen im wirklichen Leben". Wie schön das formuliert ist, wie schlicht und tiefsinnig.

Kann denn ein fremder „Piefke“ einfach in die Gruppe stoßen ohne "Herz-Eröffnung I"? Hänge ich da nicht hintendran und bin für die anderen der spirituelle Depp? Die Ösis mögen uns ja nicht besonders. Wie weit ist denn die Gruppe in ihrer Liebesfähigkeit und gibt es nicht doch noch Aversionen gegen Minderheiten? Haben die Teilnehmer ihr Herz denn schon einigermaßen offen?

Oder soll ich einfach stumm sein, was ja sehr tiefsinning wirkt, und allen mit seligem Lächeln in die Augen blicken und so tun, als wäre ich ein österreichischer Guru?

In meiner Lebensphase bin ich gerade sehr offen für alpine, refugiale Liebe. Ich bitte um offene Antwort.

Falls Ihr noch weitere Seminarplätze frei haben solltet, werde ich noch drei interessierte Kollegen aus unserem Kreise der jungen Unternehmer mitbringen.

Gleichklang für alle!

Lipper Kamp 29 49078 Osnabrück

Eins + Sein

Verein Eins und Sein · Ernsting 31–32 A-5121 Ostermiething

Winfried Bornemann
Lipper Kamp 29
49078 Osnabrück

Verein Eins und Se:
Ernsting 31–32
5121 Ostermiething
Österreich
Tel. +43-0-62 78-79 0
Fax +43-0-62 78-74 7

05.04.2004

Sehr geehrter Herr Bornemann

Ihr Brief hat hier eine Weile gelegen, weil ziemlich viel zu tun war.
Ja, hier sind auch deutsche Teilnehmer willkommen, sie müssen sich nicht unerkannt über die Grenze schleichen und die Malzeiten unter dem Tisch einnehmen… Sogar Schweizer kommen, und, man staune, Niederländer.

Herz-Eröffnung I und II können unabhängig voneinander besucht werden, die Zahl im Titel bedeutet keine Reihenfolge.
Während die »Herz I« zu Ostern so gut wie ausgebucht ist, gibt es für die »Herz II« vom 25.-31. Mai noch freie Plätze.

Viele Grüße

insssitz:
:hamerstr. 5a
›20 Salzburg

itzender:
:hardt Kiegeland
vertreterin:

Raiffeisenverband
Oberes Innviertel
Kto 1.628 643
blz 34 370

e-mail: office@einsundsein.org

Verein Eins und Sein: Kein heimlicher Grenzübergang nötig

WINFRIED BORNEMANN
MdB

Commerzbank
Kaiserstraße 16

60261 Frankfurt

15.4.2004

Betr.: **Geldautomat**

Sehr geehrte Damen und Herren,

auch ich stehe wöchentlich vor Ihrem Geldautomaten und reihe mich geduldig in die Schlange ein.

Ich bin dabei hochkonzentriert, denn ich muss mir immer wieder die PIN vorsagen, damit ich überhaupt an mein Geld komme. Kurz vorher prüfe ich noch einmal , ob alle Knöpfe zu sind, denn gleich werde ich ja auch noch gefilmt. Ein doch eher langweiliger Vorgang, den ich mit einem Vorschlag auflockern möchte.

Jeder Kunde, der dran ist und Geld holen will, tritt auf eine Waage, die in den Boden eingelassen ist. Laut und deutlich wird das augenblickliche Gewicht verkündet. Da entsteht soziale Wärme, wenn man erfährt, dass es noch mehr Menschen gibt, die an Übergewicht leiden.

Jetzt wird der gewünschte Geldbetrag eingetippt. Bei einem Betrag unter 50 Euro ertönt lautes Gelächter vom Band. Da dies eine gewisse Peinlichkeit mit sich bringt, wird mehr Geld abgehoben, was ihren Umsatz steigert. Ab 200 Euro Abhebung ertönt die Nationalhymne. Die Schlange darf mitsingen, steht aufrecht und setzt Hut und Mütze ab. Je nach Länge der Schlange ist noch eine kleine La- Ola-Welle möglich.

So bekommt dieser farblose Vorgang so etwas wie einen Event- Charakter.

Und schließlich nimmt jeder noch an einer Verlosung teil, wie das beim PS-Los ja schon lange üblich ist.

Motto: "In ihrem Konto ist Musik drin."

Waren Ihnen diese Möglichkeiten schon bewusst? Ich bitte um eine ehrliche Antwort.

Mit freundlichen Grüßen

Lipper Kamp 29 49078 Osnabrück Fax: 0541-4430060

COMMERZBANK

Zentrales Geschäftsfeld Private Kunden
Qualitätsmanagement

Geschäftsräume:
Kaiserstraße 16
Frankfurt am Main

Postanschrift:
60261 Frankfurt

e-mail: norbert.hergenhahn@commerzbank.com
Telefon: (0 69) 13 6-29272
Telefax: (0 69) 13 6-22782

Herrn
Winfried Bornemann
Lipper Kamp 29

49078 Osnabrück

Ihre/Your/Votre Ref.	Unsere/Our/Notre Ref.	Datum
	Hergenhahn	29. April 2004

event am geldautomat

Sehr geehrter Herr Bornemann,

wir alle zusammen müssen mehr Bewegung in den Stand-Ort Deutschland bringen. Deshalb lautet die Maxime der Commerzbank „Ideen nach vorn" und deshalb haben wir Ihren kreativen Vorschlag mit großer Offenheit geprüft.

Kurz gesagt: Ihre Idee, unsere Geldautomaten mit Personenwaagen auszustatten, finden wir brillant. Wir haben ihn gleich weiterentwickelt. Am besten passt er zu Automaten mit Einzahlfunktion. Wir sehen es schon bildlich vor uns: Der Kunde zahlt bei uns sein Geld ein – und schon fühlt er sich um einiges erleichtert. Und die Waage verkündet es ihm prompt. „Deutschland spart sich schlank" – das wird eine revolutionäre Diät. Und ist in jeder Hinsicht ein Beitrag zur Volksgesundheit. Wenn das keine Subvention des Bundesgesundheitsministeriums rechtfertigt!

Auf Ihre politische Unterstützung können wir doch zählen, nicht wahr? Sobald die Gelder bei uns eingetroffen sind, beginnen wir nicht nur mit dem Umbau, sondern spielen auch die Nationalhymne mit Begeisterung. Oder den Ententanz, wenn unsere Kunden denn wollen. Denn sie liegen uns am meisten am Herzen. Aber das wissen Sie ja längst – als Commerzbank-Kunde.

Es grüßt Sie freundlich aus Frankfurt

Ihre
COMMERZBANK
Aktiengesellschaft
Zentrales Geschäftsfeld Private Kunden

Norbert Hergenhahn
Leiter Marketing

Winfried Bornemann
Metallsucher

Herrn Bürgermeister der
Gemeinde Nordkirchen

59394 Nordkirchen

17.4.2004

Betr.: **Gold auf Friedhof**

Sehr geehrter Herr Bürgermeister,

ich bin Metallsucher und zwar mit Haut und Haaren, mit Leib und Seele.

Während viele meiner Freunde stumpf in der Kneipe sitzen, bin ich unterwegs in der Natur und lasse mich von den Zuckungen und Ausschlägen meines Gerätes leiten.

Manchmal ist es zwar nur ein rostiger Nagel, den ich ans Licht hole, doch es gab auch schon seltene Münzen und Teile von Granaten. Mein schönster Fund gelang mir im letzten Jahr. Ich grub die Reste eines Keuschheitsgürtels aus!

Weil ich die hiesige Gegend schon gut durchgekämmt habe, bin ich in letzter Zeit oft auf den Friedhöfen der Umgebung gewesen. Ich habe natürlich die Dämmerung abgewartet, damit mich nicht jeder sieht.

Bei manchen Gräbern hat mein Gerät ganz fürchterlich ausgeschlagen. Ich vermute, dass hier Zahngold unter der Erde liegt.

Bevor ich nun grabe und nachsehe, ob das auch wirklich stimmt, möchte ich mich vorsichtshalber bei Ihnen erkundigen, ob es irgendeine Vorschrift gibt, die das verbietet. Ich kann es mir zwar nicht vorstellen, denn man kann ja auch Organe spenden, wenn man tot ist, doch sicher ist sicher.

Wenn ich von Ihnen in den nächsten Tagen noch keine Antwort habe, darf ich getrost davon ausgehen, dass Sie keine Einwände haben.

Beste Grüße

Lipper Kamp 29 49078 Osnabrück

Gemeinde Nordkirchen

Der Bürgermeister

Gemeinde Nordkirchen, Postfach 12 80, 59389 Nordkirchen

Herrn
Winfried Bornemann
Lipper Kamp 29

49078 Osnabrück

Telefon	02596 917-0
Telefax	02596 917-139
E-mail	heinz.weidemann@nordkirchen.de
Auskunft	**Ordnungsamt**
	Heinz Weidemann
Durchwahl	**02596 917-132**
Zimmer	32
Aktenzeichen	67 31 01

Nordkirchen, 21.04.2004

Gold auf Friedhof
Ihr Schreiben vom 17.04.2004

Sehr geehrter Herr Bornemann,

in Ihrem o.a. Schreiben beabsichtigen Sie, nach Metall bzw. Gold auf Friedhöfen zu suchen.

§ 14 Abs. 3 des Gesetzes über das Friedhofs- und Bestattungswesen (Bestattungsgesetz – BestG NRW) vom 17. Juni 2003 sagt, dass Tote und Aschenreste nur mit Genehmigung der örtlichen Ordnungsbehörde, in deren Bezirk sie bestattet worden sind, ausgegraben werden dürfen. Nähere Regelungen sind in einer gemeindlichen Satzung zu treffen.

Für den Bereich unserer Gemeinde ist dieses durch die Friedhofssatzung der Gemeinde Nordkirchen vom 17.12.2003 geschehen.

Im § 10 der Satzung ist die Ruhezeit der Toten auf 30 Jahre festgelegt, d.h. in dieser Zeit bleibt die Grabstelle, bis auf die oberirdische Pflege, unangetastet.

§ 17 Abs. 1 besagt, dass die Ruhe der Toten grundsätzlich nicht gestört werden darf. Im Abs. 8 ist geregelt, dass Leichen und Aschen zu anderen als zu Umbettungszwecken nur aufgrund behördlicher oder richterlicher Anordnung ausgegraben werden dürfen.

Mit Rücksicht auf die Ruhe der Toten und das Pietätempfinden der Angehörigen würde eine Genehmigung zur „Goldsuche" auf den Friedhöfen der Gemeinde Nordkirchen nicht erteilt.

Freundliche Grüße

Friedhard Drebing

Rathaus	Öffnungszeiten	Sparkasse Coesfeld	Volksbank Südkirchen-Capelle-Nordkirchen e.G.	Postbank Dortmund
	Mo-Mi u. Fr 08:30-12:30			
Bohlenstraße 2	Mo-Di 14:00-16:00 (außer Sozialamt)	BLZ 401 545 30	BLZ 400 697 16	BLZ 440 100 46
59394 Nordkirchen	Do durchgehend 07:00-18:00	Kto.-Nr. 13 005 368	Kto.-Nr. 313 004 600	Kto.-Nr. 3888-465

Gemeindesatzung: Ruhezeit der Toten auf 30 Jahre festgelegt

Giselda v. Grosse-Tytten geb. Comini

Mitglied der kath. Frauengemeinschaft Osnabrück
urkundlich seit 1217

Umweltamt Charlottenburg-Wilmersdorf
Rathaus Wilmersdorf
Fehrbelliner Platz 4

10707 Berlin

25.5.2004

Sehr geehrte Damen und Herren,

anlässlich des Osterfestes besuchte ich mit meinem katholischen Gefolge Ihre geschundene Stadt Berlin. Dem Herrn sei Dank, fanden wir einen Ort der Stille und Beschaulichkeit im Schloß Charlottenburg. Nach einer ausgiebigen Besichtigung entschieden wir uns zu einem Rundgang durch den umliegenden Schloßgarten.
Verwundert nahmen wir den Stilbruch zwischen der strengen französischen Anlage und dem beinahe naturbelassenen Park zur Kenntnis.
Nun zu meinem Anliegen:

Bitte betrachten Sie unvoreingenommen das von einer Glaubensschwester aufgenommene Foto! Dieser Baum befindet sich hinten rechts im englischen Teil des Gartens. Schauen Sie nur, was Ihre Gärtner aus diesem virginalen Baum gemacht haben. Hier wird Gottes Flora zur **BAUMMÖSE** degradiert! Man kann hier nur vermuten, dass die verantwortlichen Gärtner einen Ast hatten.

Bitte sorgen Sie unverzüglich dafür, dass diese Schande mit einer Manschette umhüllt wird und nicht noch weitere Passanten belästigt werden.

Kann ich mich diesbezüglich auf Sie verlassen? Ich bitte um Nachricht.

Hochachtungsvoll

G. v. G.-Tytten

Lipper Kamp 29 49078 Osnabrück
Familiensitz: Via Dolomiti 39034 Dobbiaco - Dolomiti Alto Adige Italia

DIE BEZIRKSBÜRGERMEISTERIN
VON BERLIN CHARLOTTENBURG-WILMERSDORF

Berlin

Frau
Giselda von Grosse-Tytten
Lipper Kamp 29

49078 Osnabrück

2. Juni 2004

Sehr geehrte Frau von Grosse-Tytten,

Ihr Schreiben vom 25. Mai 2004 (mit Foto) habe ich erhalten.

Da ich für den Schlosspark Charlottenburg keine Zuständigkeit besitze, habe ich das mit Ihrem Brief vorgetragene Anliegen an die Stiftung Preußische Schlösser und Gärten Berlin-Brandenburg, Am Grünen Gitter 2, 14469 Potsdam, weitergeleitet.

Ich gehe davon aus, dass Sie von dort direkt eine Antwort auf Ihre Beschwerde erhalten werden.

Nicht verhehlen möchte ich an dieser Stelle allerdings, dass ich die Diktion, mit der Sie Ihre Beschwerde abgefasst haben, nicht nachzuvollziehen vermag.

Mit freundlichen Grüßen

Monika Thiemen

Monika Thiemen

Hausanschrift: Bezirksamt Charlottenburg-Wilmersdorf von Berlin, Otto-Suhr-Allee 100, 10585 Berlin,
Fernruf (0 30) 90 29 -123 00, Telefax (0 30) 90 29 - 129 02, Internet: http://www.charlottenburg-wilmersdorf.de

Leon Lüricke

Athena Verlag
Mellinghofer Straße 126

46047 **Oberhausen**

7.5.2004

Sehr geehrte Damen und Herren,

mit beinahe 22 Jahren bin ich wohl noch als Nachwuchspoet zu betrachten, obwohl schon mehrere Auszeichnungen vorliegen: z.B. 2003 in Padua: 1. Preis für das beste ungeschriebene Gedicht/ 2002 in Erlangen 2. Publikumspreis „Das unverständliche Gedicht"

Ihnen biete ich heute eine einzige Leseprobe als Köder:

Gedicht zum stummen Vortrag

Vergangene Zukunft
Hochkultur im Tiefenrausch
Tiefstapelei im Höhenflug
Hoffnungsvolle Talente im Gras
Gib mir den Slip zurück

Kosmos von unten
Oben die schwebenden Meere
Stumm dröhnende Sirenen
Die Welt braucht Wechselgeld

Das Über-Ich in der Tasche
Naschsucht nach Luft
Erdfrüchte zum Fressen
Spreiz dich, ich komme

Bitte teilen Sie mir mit, wie es nun weitergehen soll. Soll ich weiterschreiben oder besser eine Lehre als Gas-Wasser-Installateur beginnen?

Bis dahin

Lipper Kamp 29 49078 Osnabrück

Dr. Thomas Eicher
Querstraße. 32
44139 Dortmund

Tel.: 0231-1062923
Mobil: 0171-6887702
e-mail: t.eicher@dokom.net

Dr. Thomas Eicher – Querstraße 32 – 44139 Dortmund

08.06.2004

Herrn
Leon Lüricke
Lipper Kamp 29

49078 Osnabrück

Ihr Schreiben vom 7.5. an den Athena Verlag

Sehr geehrter Herr Lüricke,

Herr Duscha vom Athena-Verlag war so freundlich, Ihre Leseprobe an mich weiterzuleiten. Wie Sie bereits wissen, habe ich mich entschlossen, ein Verlagsprogramm aufzustellen. Ich bin seit vielen Jahren in der Buchbranche aktiv, vor allem als Autor, Herausgeber, Lektor und Setzer. Mein Verlagskonzept soll sich vor allem auf die Bereiche Belletristik und Essay konzentrieren. Insofern paßt Ihr Angebot in die geplante Palette.
Ich finde Ihre Texte durchaus gelungen, würde also gern mehr von Ihnen lesen. Wenn ich ein Manuskript in die Hände bekomme, interessiert mich natürlich als Verlag in erster Linie die ‚Buch-Fähigkeit', deshalb sollte ich mehr Material zu sehen bekommen, bevor ich mir ein richtiges Urteil erlaube.
Einem guten Lyrik-Projekt stehe ich immer positiv gegenüber. Was seine wirtschaftliche Realisierbarkeit angeht, so müßten wir freilich mit einem Lyrik-üblichen eher kleinen Leserkreis für das Buch rechnen.
Über die Details bleibt zu reden, falls Sie an einer Zusammenarbeit mit mir Interesse haben. Ich werde indes den Eindruck nicht los, daß Sie ein wenig mit der Verlagsbranche Ihren Schabernack treiben wollen, bin also gespannt, wieviel Ernsthaftigkeit Sie im Dienste der Kunst aufzubringen vermögen.

Für heute die besten Grüße,

Dr. Thomas Eicher

Verlagsantwort (1): Lyrik-üblicher kleiner Leserkreis

Winfried Bornemann jr.

Poet

edition Kunstleutekunst
Lange Str. 14a

17489 Greifswald

7.5.2004

Sehr geehrte Verleger,

die Entwicklung neuer deutscher Dichtkunst macht mich als 20-jährigen Jungpoeten nicht glücklich.

Mit meiner avantgardistisch- neoklassizistischen Dichtung fordere ich eine Zeit der Rückbesinnung vor dem großen Aufbruch. Damit scheine ich meiner Generation aus dem Herzen zu sprechen, wie bei meinen Lesungen zu spüren ist.

In der Anlage sende ich Ihnen als Beispiel zwei Gedichte. Ich habe bereits etwa 18oo derartige Werke verfasst, die ich Ihnen hiermit zur Veröffentlichung anbiete.

Bitte lassen Sie mich wissen, wie Sie über eine Zusammenarbeit denken.Da ich gerade eine umfangreiche Erbschaft gemacht habe, kann ich sicher die Druckkosten selbst übernehmen.

Mit freundlichen Grüßen

Lipper Kamp 29   49078 Osnabrück

[redacted]- Werke - Auszug

Hurenlotto

Seid was ihr wollt: Soldaten, Schuster, Opernsänger,
Produktenhändler oder auch nur Hundefänger,
ob ihr verlaust seid oder an der Börse spekuliert
mit Haifischflossen, Niggerschweiß und Kaffeebohnen,
ob sich die geraden oder mehr die krummen Wege lohnen;
nur wo ihr euer Geld verliert,
bei Weibern, Weib und Kartenspiel,
da wiegt ihr allesamt nicht viel.

Stopft euch den Bauch mit Kaviar und Pfauenzungen
und qualmt solange, bis aus den zerfressnen Lungen
die Schwindsucht grinsend in die Landschaft stiert,
seid Ballspiel-Meister, sammelt Autographen,
wählt Parlamente und euch selber zu den Oberschafen;
nur wo ihr euer Geld verliert,
bei Weibern, Wein und Kartenspiel,
da wiegt ihr allesamt nicht viel.

Von allen Übeln kann euch nur der eigne Dalles retten,
denn wer nichts hat, sein Haupt darauf zu betten,
kein Haus und auch kein Rock, wenns ihn im Winter friert,
der fühlt, wie schwer die armen Knochen wiegen,
wenn sie verfault bei Aas und Maden liegen,
und denkt: wer jetzt die Lust verliert,
der wog bei Weibern, Wein und Kartenspiel
nicht einen Pappenstiel.

Schweineschweigen

Vergangene Zukunft
Hochkultur im Tiefenrausch
Tiefstapelei im Höhenflug
Hoffnungsvolle Talente im Gras
Gib mir den Slip zurück

Kosmos von unten
Oben die schwebenden Meere
Stumm dröhnende Sirenen
Die Welt braucht Wechselgeld

Das Über-Ich in der Tasche
Naschsucht nach Luft
Erdfrüchte zum Fressen
Spreiz dich, ich komme

kunst leute Kunst

zeitschrift · edition · projekte

text / bild / ton plattform

KunstLeuteKunst text / bild / ton plattform

Winfried Bornemann jr.
Lipper Kamp 29

49078 Osnabrück

Greifswald, den 12.06.04

Ihre Verlagsanfrage

Sehr geehrter Herr Winfried Bornemann jr.

Auch ich muss zugeben, dass mich die Entwicklung neuer deutscher Dichtkunst als 24-jährigen Verleger nicht gerade glücklich macht.

Ich kann mir eine Zusammenarbeit mit Ihnen nur schwer vorstellen und das umfangreiche Erbe, das Sie gemacht haben interessiert mich auch nicht besonders, da ich es als Unverschämtheit und Armutszeugnis betrachte, wenn Dichter den Druck ihrer Bücher selbst bezahlen sollen.

Ich muss noch dazu sagen, dass es nicht die Art und Weise Ihres Anschreibens war, die mich von der Idee einer Zusammenarbeit abbrachte, sondern das - meines Erachtens - Fehlen von avantgardistisch-neoklassizistischen Elementen in den Texten, die Sie mir schickten. Trotzdem würde mich interessieren, welche Art von Rückbesinnung vor welcher Art von großem Aufbruch Sie mit Ihren 1800 derartigen Werken fordern.

Trotzdem viel Glück bei der Verlagssuche und immer fleißig Weiterschreiben!

Mit freundlichen Grüßen

I. Kr

Innokentij Kreknin Sen.
(edition KunstLeuteKunst)

KunstLeuteKunst
Lange Str. 14a
17489 Greifswald

Tel.: 03834 / 777640
Fax.: 03834 / 898330

Mail:info@kunstleutekunst.org

Ansprechpartner
Zeitschrift: S.Hölperl
Tel.: 0172/9395387
redaktion@kunstleutekunst.org
Verlag/Projekte: I.Kreknin
Tel.: 0176/60025619
lektorat@kunstleutekunst.org

Internet: H.Lehmann
Tel.: 03834/810816
info@kunstleutekunst.org

www.kunstleutekunst.org

Leon Lüricke

Stadt Mannheim
Kulturamt
Brückenstr. 2-4

68167 Mannheim

20.6.2004

Bewerbung zum Schillerpreis der Stadt Mannheim

Verehrte Literaturförderer,

für meine Arbeit als Mathematik-Dozent bin ich einfach zu geil, zu ausgeflippt und überhaupt zu versifft.

Allerdings macht Zahlenakrobatik satt: mich hungert jedoch nach Literatur. So reise ich durch die Welt und halte sie fest in Road-Poems. Einige Beispiele lege ich Ihnen vor, andere haben noch mehr szenische Dichte und grellere Schnittfolgen.

Tausende Werke sprengen meine Schubladen, wollen ans Licht und ins Hirn. Sollen sie raus, dürfen sie nicht??

Es muss was geschehen! Im Kampf mit mir überwinde ich meine Zweifel und Bescheidenheit und bewerbe mich bei Ihnen um die Krönung zum Schiller-Literaturpreisträger.

So, nun ist es raus, jetzt geht es mir besser!

Wann werden Sie proklamieren?

Mit herzlichen Grüßen

Lipper Kamp 29 49078 Osnabrück

Ich bin nicht reich
Ranicki ist krank
Durch Anophelesmücken
Pieksen Malaria
In Afrika umsonst
Ist der Tod
Durch erhängen
Nimmt einem die Lust
Am Leben
Ist einfach geil
Wie Geiz
Eine Todsünde isst
Du auch genug Hat man nie
Verspüre Neid
Macht gelb
Wie die halbe Erdbevölkerung
Wächst und explodiert

Peng!!

Pfui !

a
aa
aaa
aaaa
aaaaa
aaaaaa
aaaaaaa
aaaaaaaa
aaaaaaaaa
aaaaaaaaaa
aaaaaaaaaaa
aaaaaaaaarsch

Hup Holland Hup

Ich will Ich muss
Ich darf
nee nee nee
nach Holland musste
Autobahn rauf
Autobahn runter
Meisjes knipsen
Goetheanisches Gegurgel
Talking Heads im Ohr
Gespritze unterm Lenkrad
Was is Was is
Opruiming Korting
Sale oder Uitverkoop
Erstmalab zu Blokkers
Patats Kroketts Heineken
Hand aus Bluse
Und weiter Rubensweibern
Schön tun und
Ab dafür ins taoistische
Seelenheil Hackebeil
Libero der Libido komm
Raus ins flache Land
Hoek und Hoorn
Blas rein und alles
Van vorn

STADT**MANNHEIM**²

Kulturamt

Stadt Mannheim | Kulturamt | Brückenstraße 2-4 | 68167 Mannheim

Leon Lüricke
Lipper Kamp 29

49078 Osnabrück

Frau Rihm
Zi. 2
Alte Feuerwache, Südflügel, II. OG
68167 Mannheim
Tel. 0621 293 7022
Fax 0621 293 7468
stefanie.rihm@mannheim.de
13.07.2004

Schillerpreis der Stadt Mannheim

Sehr geehrter Herr Lüricke,

vielen Dank für Ihr Interesse am Schillerpreis der Stadt Mannheim.
Die Satzung des Schillerpreises sieht vor, dass der Schillerpreis nicht öffentlich ausgeschrieben wird. Eine Bewerbung ist folglich nicht möglich. Die Kandidatinnen und Kandidaten werden von dem gemäß der Satzung zusammengesetzten Auswahlgremium vorgeschlagen.

Es besteht die Möglichkeit, sich an der Ausschreibung für den „Mannheimer Literaturpreis 2004“ zu beteiligen. Ausrichter ist das „Literarische Zentrum Rhein-Neckar e.V. – Die Räuber ´77“, das jährlich diesen Preis vergibt. Die aktuellen Ausschreibungsdaten mit der Kontaktadresse fügen wir diesem Schreiben bei und wünschen Ihnen viel Erfolg bei Ihrem weiteren Schaffen.

Mit freundlichen Grüßen

i.A. Stefanie Rihm

Wir haben gleitende Arbeitszeit.
Sie erreichen uns fernmündlich
Montag bis Donnerstag von 9.00 - 12.00 Uhr
und 14.00 - 15.00 Uhr
Freitag von 9.00 - 12.00 Uhr

Alte Feuerwache, Südflügel, II. OG
68167 Mannheim
Telefon 0621 293-0 (Zentrale)

www.mannheim.de

Bankverbindung:
Sparkasse Rhein-Neckar Nord
BLZ 670 505 05 Kto.-Nr. 30 20 13 70
Postbank Karlsruhe
BLZ 660 100 75 Kto.-Nr. 166 00 - 756

ZENTRALE VERNICHTUNGSSTELLE
FÜR HOLLÄNDISCHE TOMATEN
Geschäftsstelle Osnabrück
Lipper Kamp 29 49078 Osnabrück Fax: 0541-4430061

Zu schade......zum Wegschicken!!!

GFI Deutsche Großmärkte
Bankstr. 28 Büro 210

20097 Hamburg

5.5.2004

Sehr geehrte Damen und Herren,

die europäischen Agrarminister sind bei ihrer letzten Sitzung in einer sehr emotional geführten Debatte übereingekommen, dass den holländischen Tomaten ab sofort der Status eines Gemüses und Lebensmittels entzogen wird.

Aufgrund zahlreicher Manipulationen im Bereich genativer Prozesse darf mit Sicherheit davon ausgegangen werden, dass die Kennzeichen eines Lebensmittels, nämlich Vitamine und Ballststoffe, hier nicht gegeben sind.

In einigen Sorten wurde eine Wasserkonzentration von 98% gemessen. Nach den strengen EG-Richtlinien dürften selbst für Ketchup diese Tomaten keine Verwendung finden. Bleibt nur die Entsorgung als Wurfgeschoss bei angemeldeten Demonstrationen (gilt auch für sogenannte Strauchtomaten).

Die auf Steinwolle und ohne Lichteinwirkung gezogenen Früchte sollten deshalb nicht in der Nähe von Nahrungsmitteln gelagert werden, um eine Irreführung seitens der Verbraucher auszuschließen.

Falls holländische Tomaten abends übrigbleiben, so stellen Sie bitte sicher, dass sie als Sondermüll einer getrennten Vernichtung **durch uns** zugeführt werden.

Bitte teilen Sie uns mit, welche Kosten Ihnen im vergangenen Jahr entstanden sind durch unverkäufliche holländische Tomaten. Wir bemühen uns dann um Schadensregulierung.

Mit freundlichen Grüßen

V. Hohenlohe

(v. Hohenlohe)

Institut für Zierfischpädagogik und -therapie
Fachschaft Biologie der Universität Osnabrück-Vechta
Abteilung V/7

Bundesverband der Fernseh- und Filmregisseure
Kaiserstr. 39

80801 München

Zu schade......zum Wegschicken!!!

9.5.2004

Sehr geehrte Damen und Herren,

unser Institut beschäftigt sich schon seit Jahren mit der Dressur von Süßwasserfischen.

Unsere ersten Auftraggeber waren die Besitzer von chinesischen Restaurants, die sich für das Formationsschwimmen von Fischen interessierten, wie sie es aus ihrer asiatischen Tradition kannten.

Inzwischen haben Sie ja vielleicht in verschiedenen Fachzeitschriften gelesen, dass wir mit unserer 12er- Formation von Neonfischen im Guinessbook der Rekorde zu finden sind. Nun suchen wir nach weiteren Herausforderungen.

Im Bereich des Films werden doch ständig neue Acts probiert.

So können wir Ihnen eine Gruppe von schönstgewachsenen Scalaren anbieten, die einen Tango tanzen.

Wir denken, dass auch im Zeitalter von Nemo und Herr der Ringe die Zuschauer diese Dressur als Sensation empfinden. Ihnen entstehen keine nennenswerten Kosten, da die Tiere ja mit etwas Trockenfutter zufrieden sind.

Da wir gern im Filmgeschäft Fuß fassen möchten, bieten wir Ihnen die ersten Formationen völlig kostenfrei an.

Setzen Sie sich bitte mit uns in Verbindung, bevor die Journalisten die Fährte aufgenommen haben.

Mit freundlichen Grüßen

N Hohenlohe

(v. Hohenlohe /Assistent)

Fachschaft V Lipper Kamp 29-31 49078 Osnabrück Fax: 0541-430061
Dekan: Prof.Dr. h.c. W. Bornemann

Zierfischofferte: Scalare, die Tango tanzen

Macho Germany

Nur Tunten knien unten

- DER PRÄSIDENT -

U-Boot Kameradschaft München
z.Hd. Herrn Weber

Per Fax

LEIDER OHNE ANTWORT!

Hi Leute,

wir sind eine einfühlsame Truppe für Männerinteressen.
Klar, wir haben nichts gegen Fußball, Bier und Tussen und es stimmt auch: manche Stadtteile gehören uns.

Okay, wir sind macho macho, aber nicht balla balla. Und solche Kerle haben natürlich klare Ziele:

1. Männer machen Politik! Also Frauen raus und verduften.
2. Abschaffung der Frauenbeauftragten.
3. Wahlrecht nur für Männer, logo!
4. Frauen tragen zwingend den Namen des Ehemannes.
5. Leichte häusliche Gewalt gegen Frauen bleibt straffrei.
6. Bei allen Stellenbewerbungen sind Männer zu bevorzugen.

So, das war nur der Anfang. Eins aber ist jetzt schon klar: Mann ist wieder wer.

Wollen wir unseren Laden zusammenschmeißen, da Ihr doch auch die gleichen Ziele habt, oder? Wann können wir uns treffen?

Wir kommen aber sonst auch gerne mal in drei Wochen persönlich bei Euch vorbei, aber hallo!

Bis die Tage

(W. Bornemann)

Macho Germany Lipper Kamp 29 49078 Osnabrück Fax: 0541-4430061

Internationales Spermaregister

Die Direktion

TOTE HOSEN

Postfach 103162
40022 Düsseldorf

3.5.2004

LEIDER OHNE ANTWORT!

Betr.: **Samenspende**

Liebe Tote Hosen,

wir freuen uns, Euch mitteilen zu können, dass Ihr uns von der Deutschen Gesellschaft für Fertilität empfohlen wurden.

Die Aktion wird streng überwacht von Ärzten und dient allein wissenschaftlichen Erkenntnissen. Sie ist also absolut seriös.

In späterer Zeit sind elitäre Befruchtungen möglich, sofern eine Einverständniserklärung vorliegt.

Seid Ihr bereit , Euch in dieses Register eintragen zu lassen? Die nötigen Ampullen schicken wir Euch schnellstmöglich zu.

Mit freundlichen Grüßen

(Prof. v. Hohenlohe)

Tel. 0541-4430061 email: borneconsult@web.de
St.Nr. 63/432/07856 Gerichtsstand Osnabrück
Bankverbindungen:
Sparkasse Osnabrück 1633265438 (BLZ: 265 501 05)
Postbank Hannover 7456-654 (BLZ: 250 100 30)

Büro: Lipper Kamp 29-31 49078 Osnabrück

Elitäre Befruchtung: Registereintrag und Ampullen folgen gleich

Giselda v. Grosse-Tytten geb. Comini
Mitglied der kath. Frauengemeinschaft Osnabrück
urkundlich seit 1217

Polizeipräsidium Osnabrück
Kollegienwall 6-8

49074 Osnabrück

9.6. 2004

Liebe Osnabrücker Wachtmeister,

schon seit vielen Jahren höre ich Ihren interessanten Polizeifunk.

Anfangs als mein Mann noch lebte, habe ich nebenbei gebügelt oder die Nägel lackiert. In letzter Zeit bin ich so fasziniert von dem, was ich da mitkriege, dass ich mit beiden Ohren dicht am Rundfunkempfänger sitze. Gestern gab es wieder eine Verbrecherjagd vom Feinsten mit 5 Peterwagen im Einsatz, deren Funkverkehr ich mitkriegen durfte.

Manchmal allerdings gibt es längere Passagen, da geschieht ganz wenig. Mal ein kleiner Unfall, mal eine läppische Personenüberprüfung. Da kommt schon streckenweise Langeweile auf. Für diese mageren Zeiten habe ich eine kleine Bitte und Anregung an Sie:

Können Sie nicht mal ein bisschen Musik einspielen, z.B. den Kriminaltango oder Spiel mir das Lied vom Tod? Soll ich etwa zu NDR 1 umschalten?

Ihre dankbare Hörerin

Lipper Kamp 29 49078 Osnabrück
Familiensitz: Via Dolomiti 39034 Dobbiaco - Dolomiti Alto Adige Italia

Polizeiinspektion
Osnabrück-Stadt

Polizeiinspektion Osnabrück-Stadt - Postfach 3669 - 49026 Osnabrück

Frau
Giselda v. Grosse-Tytten
Herrn
Winfried Bornemann
Lipper Kamp 29

49078 Osnabrück

Bearbeitet von
POK Brink

Ihr Zeichen, Ihre Nachricht vom	Mein Zeichen (Bei Antwort angeben)	Durchwahl (0541)	327 -	Osnabrück
09.06.2004	012 c - Polizeifunk		1106	18.06.04

Sehr geehrte Frau von Grosse-Tytten, sehr geehrter Herr Bornemann,

begeistert habe ich Ihren Brief gelesen und mich riesig darüber gefreut, dass wir Sie als treue IIörerin mit unserem aktuellen Polizeifunk über weite Strecken zufriedenstellen können.

Tatsächlich haben wir uns in Polizeikreisen auch schon konkrete Gedanken darüber gemacht, wie wir unseren Polizeifunk für unsere Kollegen und sonstigen IIörer attraktiver gestalten können. So beschäftigt sich zur Zeit eine Arbeitsgruppe mit diesem Thema.
Ganz konkret wird zum Beispiel darüber nachgedacht, einen 24-stündigen Musikservice einzurichten, der dann nur bei erforderlichen Einsatzlagen vom normalen Polizeifunk unterbrochen würde.
Um diesen Service möglichst kostenneutral anbieten zu können, wollen wir für die musikalischen Einlagen unser Polizeimusikkorps gewinnen.
Darüber hinaus stehen vielversprechende Verträge mit möglichen Partnern aus der Werbebranche kurz vor dem Abschluß. Schließlich kann es ja auch nicht schaden, ein paar Euro zusätzlich für unser Polizeisäckel einzunehmen.

Ich kann Ihnen daher versichern, dass von Seiten der Polizei alles getan wird, um im Polizeifunk keine „mageren Zeiten" mehr Aufkommen zu lassen.
Schließlich wollen wir gerade unsere treuesten Hörer und Hörerinnen nicht an andere Sendeanstalten verlieren.

PS:
Bitte denken Sie daran, dass auch für das Hören von Polizeifunk die nötigen Abgaben an die „GEZ" zu entrichten sind.

Mit freundlichen Grüßen

Im Auftrage

Dienstgebäude
Kollegienwall 6 - 8
49074 Osnabrück

Telefon
(0541) 327 - 0

Telefax
(0541) 327 - 1050

Bankverbindung
Nord/LB (BLZ 250 500 00) Konto 106 020 837

Service der Polizeiinspektion: 24 Stunden Musik rund um die Uhr

Karl Marx

1818 – heute

Frau Birthler persönlich
Birthler Behörde
Otto-Braun-Str. 70/72

10178 Berlin

1. Juni 2004

Bitte um Vermittlung von Stasi Unterlagen!

Euer Wohlgeboren,

HimmelMaoLeninSakra, da schickt mir dieser elendige Kanzler Schröder eine SMS, die mich durchrüttelt und aus London treibt, wo ich seit nunmehr 150 Jahren exiliere.
Meine **Stasi-Unterlagen** würde ich dringend benöthigen, wenn ich in die U.S.A. wolle!
Statt mit meinen jungen Freunden Rockefeller und Berlusconi einen Zug durch Manhattan zu machen, bin ich also seit Februar auf der beschwerlichen Reise von London nach Berlin.
Meine alten strapazierten Knochen schmerzen und um mich zu courieren, mache ich zunächst für längere Zeit Station in Osnabrück. Aber auch hier spüre ich wie die Diener des alten Despotismus dem undeutschen Treiben der Revolution wahrhaft ein Ende gesetzt haben.
Wie eine Zucht Sklaven oder Pferde arbeiten die Menschen diesem verachtenswerthen Philisterstaate zu, unterthan, hold und gewärtig. Aber wozu sich aufregen?
Ich krieg noch Pickel unterm Bart!!!

Also zurück zum Anfang: Ich benöthige meine Stasi-Unterlagen dringend!

Kann vorerst nicht persönlich nach Berlin kommen und erbitte Ihre Auskunft über weiteres Vorgehen. Können Sie mir die Informationen in einer Depesche zusenden?
Ich wohne hier bei diesem Philister Hornemann zur Untermiethe

Mit Hochachtung!

Karl Marx

Winfried Hornemann Lipper Kamp 29 49078 Osnabrück

DIE BUNDESBEAUFTRAGTE
für die Unterlagen des Staatssicherheitsdienstes
der ehemaligen Deutschen Demokratischen Republik

BStU · Postfach 2 18 · 10106 Berlin

Herrn
Karl Marx
c/o Winfried Bornemann
Lipper Kamp 29
49078 Osnabrück

Ihr Zeichen, Ihre Nachricht vom	(Bitte bei Antwort angeben Mein Zeichen, meine Nachricht vom	☎ 030 2324- ☎ 01888 665-	Berlin
01.06.2004	AU G-01	9112	15. Juli 2004

Ihre Bitte um Herausgabe von Stasi-Unterlagen

Werter Herr Marx,

es freut mich außerordentlich, von Ihnen zu hören, da ich doch normalerweise mit dem Jenseits eher selten kommuniziere. Gerne möchte ich Ihnen in Anbetracht Ihrer besonderen Situation den - an sich obligatorischen - Gang zur Meldestelle ersparen, wo Ihre Identität bestätigt werden müsste. Auf Ihre insoweit gegebene Mobilitätseinschränkung Rücksicht nehmend und das bei Bundesbehörden geltende Prinzip des barrierefreien Zugangs zu staatlichen Dienstleistungen beachtend glaube ich Ihnen, dass Sie es sind.

Was das mutmaßliche Vorhandensein von Stasi-Unterlagen zu Ihrer Person betrifft, hat eine tiefgründige Aktenrecherche folgendes Ergebnis zutage gefördert: Hätten Sie noch zu Stasi-Zeiten gelebt, wäre es dem MfS als dem Schwert und Schild der Sozialistischen Einheitspartei sicherlich ein ausgesprochenes Vergnügen gewesen, mit Ihnen in Kontakt zu treten. Eine Akte als Inoffizieller Mitarbeiter wäre über Sie aber sicher nicht angelegt worden, da sich auf der Grundlage gemeinsamer politischer Grundüberzeugungen vermutlich eher eine sogenannte offizielle Zusammenarbeit entwickelt hätte. Hinterlassenschaften über Kontakte auf solchen Ebenen sind in den von mir verwalteten Archivbeständen aber nicht vorhanden. Mit anderen Worten: Ich bin nicht zuständig. Diese typische Behördenantwort wird Sie sicher nicht verwundern.

Nichtzuständige haben allerdings, wie Sie wissen, auch gern die Eigenschaft, auf andere, die die Arbeit besser erledigen können, zu verweisen. Insofern empfehle ich, sich an die Stiftung

Archiv der Parteien und Massenorganisationen der DDR im Bundesarchiv zu wenden. Die Anschrift finden Sie im Internet. Über diesbezügliche technische Zugangsmöglichkeiten berät Sie Ihr Systemverwalter

Mit Hochachtung

Im Auftrag

Dienstgebäude
Otto-Braun-Straße 70/72
Berlin - Mitte

Hausanschrift
Otto-Braun-Straße 70/72
10178 Berlin

Telefon (Vermittlung)
030 2324-50
01888 665-0

Telefax
030 2324-7799
01888 665-7799

Internetverbindung
Homepage: http://www.bstu.de
E - Mail: post@bstu.bund.de

Giselda v. Grosse-Tytten geb. Comini
Mitglied der katholischen Frauengemeinschaft Osnabrück
urkundlich seit 1217

ARD Sportschau
zHd. Herrn Gerhard Delling
WDR

50600 Köln

1.Juni 2004

Sehr geehrter Herr Delling,

die Vereine trauern wegen sinkender Fernseheinnahmen,
das Fernsehen trauert wegen sinkender Werbeeinnahmen,
die Werber trauern, weil Fußball nicht mehr attraktiv ist.

Das Fernsehen kann ja bei Fußballübertragungen auch nichts Überraschendes mehr bieten. Man kennt die Mannschaften, man kennt die Spielpläne, ja selbst die Schiedsrichter und die erwarteten Zuschauerzahlen werden vorher genannt.
Fußball nach Plan, Fußball in Statistiken und Tabellen.
Fußball nach Beamtenart!

Lassen Sie sich von einer fast 85 jährigen Dame folgende Tipps geben:
Ein Bundesligaspiel wird live übertragen, Punkt 15.30 Uhr.
Keiner weiß vorher, welches Spiel.

Es wird vorher nur die Heimmannschaft benannt, der Gegner erst eine Stunde vor Spielbeginn!

Jeder Mannschaft wird vor Beginn des Spiels eine attraktive Frau zugelost, die nicht gefoult werden darf und für die kein Abseits gilt!

Hat eine Mannschaft verloren, müssen sich alle Spieler eine Glatze schneiden lassen. So kann man an der Haarlänge sofort erkennen, wie lange eine Mannschaft nicht verloren hat!

Soweit meine Anregungen für heute.
Werden Sie sich für meine Vorschläge einsetzen?

Mit freundlichen Grüßen

Lipper Kamp 29-31 49078 Osnabrück
Familiensitz: Via Dolomiti 39034 Dobbiaco - Dolomiti Alto Adige Italia

NDR Fernsehen

Norddeutscher Rundfunk
Hugh-Greene-Weg 1
22529 Hamburg
Telefon (040) 41 56-0
E-Mail info@ndr.de
www.ndr.de

Norddeutscher Rundfunk | NDR Fernsehen | 22521 Hamburg

Frau
Giselda v. Grosse-Tytten
Lipper Kamp 29

49078 Osnabrück

Ihr Zeichen	Unser Zeichen	Durchwahl	Fax	E-Mail ...@ndr.de	Datum
jl		4182	5472		04.06.2004

Ihr Schreiben vom 1. Juni 2004

Sehr geehrte Frau v. Grosse- Tytten,

vielen Dank für Ihre kreativen Vorschläge in Sachen Fußball. Ihre speziellen Regeln wären sicher für eine Neuauflage des „Spiel ohne Grenzen" denkbar, aber das Problem des Profifußballs in Deutschland mit Bundesliga und Nationalmannschaft liegt sicher nicht in den Regeln und Rahmenbedingungen.

Mit freundlichen Grüßen

Gerhard Delling
PB Sport FS

1|1

Bankverbindung
Deutsche Bank, Hamburg
BLZ 200 700 00
Konto-Nummer 0 508 911

Der Norddeutsche Rundfunk kann nur von zwei bevollmächtigten Personen vertreten werden.

Antwort von Herrn Delling: Neuauflage des »Spiel ohne Grenzen«

Winfried Bornemann

Lipper Kamp 29   49078 Osnabrück

Leitung des
Bundesnachrichtendienstes
Heilmannstr. 30

82049 Pullach

11.5.2004

Sehr geehrte Damen und Herren,

schon seit meiner frühesten Jugend beschäftige ich mich mit dem Modellbau.

Anfangs waren die Materialien noch aus Papier und Pappe, seit einigen Jahren arbeite ich mit Balsaholz und edlen Kunststoffen.

Seit 1990 etwa bin ich damit beschäftigt, wichtige Gebäude der Republik nachzubauen.

Die Semperoper ist fertig, ebenso die Bundesanstalt für Arbeit (jetzt Bundesagentur) und das Münchner Olympiastadion. Den Reichstag und den Kölner Dom habe ich mir für die Zeit der Pensionierung aufgehoben.

Im Augenblick habe ich eine Vorliebe für Gebäude mit einer klaren gestalterischen Linie. Im nächsten Monat möchte ich deshalb mit Ihrem Gebäude beginnen.

Ein paar Luftbilder liegen mir bereits vor, Angaben zu Statik und Geländestrukturen ebenfalls. Was mir fehlt, sind Details der Inneneinrichtung.

Wo befinden sich die Tresore, wo ist die Asservatenkammer, wo sind die Geheimarchive? Da komme ich momentan einfach nicht weiter. Auch meine Modellbaukollegen haben keinen blassen Schimmer.

Bitte schicken Sie mir doch leihweise oder in Kopie die wichtigsten Baupläne, damit ich hier weiterbauen kann. Wenn das Modell fertig ist, biete ich Ihnen eine kleine Ausstellung in Ihrem Hause an.

Mit freundlichen Grüßen

P.S. Stimmt es eigentlich, dass in Ihrem Hause damals der Einbau eines Weinkellers vergessen wurde?

BND

BUNDESNACHRICHTENDIENST 82049 Pullach, 17. Mai 2004

80GA - 54-75 - P/0102/04

Bundesnachrichtendienst - Heilmannstraße 30 - 82049 Pullach

Herrn
Winfried Bornemann
Lipper Kamp 29
49078 Osnabrück

Betr.: Ihr Schreiben vom 11. Mai 2004

Sehr geehrter Herr Bornemann,

vielen Dank für Ihren offenen Brief und Ihr, dem Bundesnachrichtendienst entgegengebrachtes Vertrauen.

Dennoch verbleibt mir nichts anderes als Ihnen mitzuteilen, dass ich Ihnen, so interessant ich Ihr Vorhaben auch persönlich finde, die von Ihnen erwünschten Angaben nicht zur Verfügung stellen kann, da dies im Gegensatz zu sämtlich geltenden Sicherheitsvorschriften stünde.

Für Ihre Modellbauprojekte wünsche ich Ihnen dennoch auch weiterhin viel Spaß und Erfolg.

Mit freundlichen Grüssen
Im Auftrag

(Pronold)

Klare Ansage aus Pullach: Den Sicherheitsvorschriften zuwider

Winfried Bornemann jr.

Poet

Kampagne gegen Wehrpflicht
Kopenhagener Str. 71

10437 Berlin

7.5.2004

Einen lockeren Tag wünsche ich
und habe dringende Fragen an Sie!

Meine Wehrerfassung steht vor der Tür und ich muss mich entscheiden: ent- oder weder Bundeswehr, Zivildienst, Desertieren oder Knast.

Nun mal offen: Wenn ich zum Bund gehe, gibts da Sondereinheiten für Leute wie mich, also Alternative, Schwule und ein ganz klein wenig Vorbestrafte?

Kann man beim Bund morgens Müsli kriegen und Öko-Essen?

Kriegt man automatisch Sonderurlaub für Demos?

Stimmt es wirklich, dass beim Bund nur Offizieren Frischzellen-Therapie zusteht und die Mannschaften zwangsweise dafür Blut und Samen spenden müssen?

Gibt es inzwischen für alle Soldaten eine schusssichere Weste?

Herrscht wirklich ab 15 Uhr schon Ruhe im Glied?

Schreiben Sie bitte schnell und ehrlich, damit ich mich entscheiden kann, ob oder nicht.

Frieden für alle und jetzt wegtreten!!

Lipper Kamp 29 49078 Osnabrück

Kampagne
gegen Wehrpflicht
Zwangsdienste
+ Militär

Kampagne gegen Wehrpflicht, Zwangsdienste und Militär
Kopenhagener Straße 71 10437 Berlin

Winfried Bornemann jr.
Lipper Kamp 29

49078 Osnabrück

→ Bundesgeschäftsstelle
Berlin

→ Sekretariat
Kopenhagener Straße 71
10437 Berlin
Tel (030) 440130-0
Fax (030) 440130-29
info@Kampagne.de
www.Kampagne.de

→ Bürozeiten
Montag - Freitag
10 - 18 Uhr

Berlin, 13.5.2004

Sehr geehrter Herr Bornemann jr.,

wenn ich Ihr Schreiben richtig interpretiere, haben Sie sich bereits recht eindeutig gegen den Militärdienst entschieden. Die wenigsten, die sich heute gegen die Bundeswehr entscheiden bzw. weder Militärdienst noch Zivildienst leisten, landen dafür im Knast oder müssen desertieren. Einige nehmen heute noch bewusst die Auseinandersetzung mit der Staatsanwaltschaft in Kauf, indem sie einer Einberufung mit (zivilem) Ungehorsam begegnen. Ansonsten steht aber eigentlich immer der Weg offen, durch Zurückstellungs-, Befreiungs- und ähnliche Anträge, vereinzelt auch durch Klagen, völlig legal der Wehrpflicht zu entkommen.

Aber lassen Sie mich auch auf Ihre Fragen eingehen:
Die wenigen, die heute noch für eine Beibehaltung der Wehrpflicht plädieren, betrachten die Bundeswehr als ein Spiegelbild der Gesellschaft. Und da im wirklichen Leben Alternative, Schwule und Vorbestrafte mehr oder weniger friedlich mit- und beieinander leben, wird dies folglich auch in der Kaserne nicht anders gehandhabt. Sie werden sich also, wie ich fürchte, Ihr Quartier mit Linkshändern, Gelegenheitsrauchern und Agnostikern teilen müssen.
Was die allgemeine Verköstigung angeht, muss ich Sie leider auch enttäuschen. Aus der zur Verfügung stehenden Mischkost werden Sie zwar eventuell die Möglichkeit haben, sich vegetarisch zu ernähren. Besonderen Wünschen wie Müsli, Genfood oder die ökologisch unbedenkliche Extrawurst wird darüber hinaus trotz großer Nachfrage leider nicht Rechnung getragen. Auch wird man es Ihnen nicht erlauben, anstelle der Bundeswehrkost eigens mitgebrachte Nahrung zu sich zu nehmen, denn gemäß § 18 des Soldatengesetzes sind Sie zur Einnahme der Gemeinschaftskost verpflichtet. Das Zuführung alkoholhaltiger Getränke bleibt von derartigen Einschränkungen allerdings unberührt.
Frischzellentherapien werden hingegen gar nicht mehr angeboten. Damit wird unter anderem dem Umstand Rechnung getragen, dass aufgrund neuer

→ Bankverbindung
GLS e.G. Bank
BLZ 430 609 67
Konto 8025 150 300

~~Ökobank e.G.~~
~~BLZ 500 901 00~~
~~Konto 199 567~~

Einberufungsaltersgrenzen die Soldaten immer jünger werden. Man setzt also zunehmend auf demographische Verjüngung anstatt auf medizinische Runderneuerung. Auf diese Weise werden unter anderem Ressourcen freigesetzt, die vermehrt für die Beschaffung notwendiger Ausrüstungen wie kugelsichere Westen verwendet werden können.
Um der berühmt berüchtigten Ruhe im Glied Herr zu werden, wird schon seit geraumer Zeit seitens der Bundeswehr geprüft, inwieweit die psychische Situation der Soldaten gestärkt werden kann. Ich verweise diesbezüglich auf das diesem Schreiben beigefügte Informationskärtchen.

Zusammenfassend können wir Ihnen daher nur folgende Empfehlung aussprechen: Steht die Wehrpflicht vor der Tür, lassen Sie sie auf keinen Fall herein und halten Sie sich einen Hinterausgang frei. In vielen Fällen ist der bürokratische Aufwand, beispielsweise einen Sonderurlaub zu beantragen, sogar noch größer als bei einer Kriegsdienstverweigerung. Egal wie Sie sich letztlich entscheiden werden Sie sich leider darauf einrichten müssen, dass Ihnen auch in Friedenszeiten zumindest ein aufwändiger Papierkrieg nicht erspart bleibt.

Mit friedlichen Grüßen

(André Lange)

GLS e.G. Bank
BLZ 430 609 67
Konto 8025 150 300

Bianca Bornemann
Lipper Kamp 29
49078 Osnabrück

4.Juni 2004

Liebe Jeanette,

mit ungläubigem Staunen habe ich in unserem noch jungen Fanclub erfahren, dass Du schon 40 Jahre alt sein sollst. Wenn das stimmt, gratuliere ich Dir ganz herzlich zu Deinem Aussehen.

Ich hätte Dich gerademal auf 33 bis 34 geschätzt! Ganz toll, echt.

Besuchst Du uns demnächst trotzdem mal?

Uns stört Dein Alter nicht besonders.
Schick doch mal bitte ein paar Unterlagen von Dir, damit wir andere Fans informieren können. Nimm uns bitte in deinen Fanclubverteiler auf und schick mir bitte die Unterlagen zu.

Liebe Grüße

Jeanettes Autogrammkarte: Unterlage gegen ungläubiges Staunen

AMERICAN COMMERCE SOLUTION L.T.D.

GERMAN OFFICE
LIPPER KAMP 29
D-49078 OSNABRÜCK

Dr.Hemmo v. Rieden
REPRASENTANT

Geschäftsleitung
BMW

80788 München

5.5.2004

Sehr geehrte Damen und Herren,

wie Sie vielleicht schon der Presse entnehmen konnten, ist es uns in Zusammenarbeit mit der Gewerkschaft der Polizei gelungen, Werbeflächen auf Bußgeldbescheiden (Strafmandaten) durchzusetzen.

Nach unserer Überzeugung wäre Ihr Unternehmen besonders geeignet, diese Werbemöglichkeit zu nutzen, da Ihr Klientel die dynamischen, modernen und risikofreudigen Fahrer umfasst, denen Geschwindigkeit ein persönliches Anliegen ist.

Im Sinne modernen Sponsorings und auch unseres auch sozialen Auftrags weisen wir darauf hin, dass ein Großteil der erwarteten Einnahmen dem Polizeigenesungswerk zugute kommen.

Bitte teilen Sie uns umgehend mit, ob bei Ihnen ein Nutzungsinteresse vorliegt. Die Kostenfrage können wir sicher zufriedenstellend lösen.

Mit freundlichen Grüßen

AMERICAN COMMERCE SOLUTION L.T.D.
GENERAL TRADING - INTERNATIONAL CONSULTING
P.O.Box 296, Bartow Flow -33731-0269
Phone: (863)533-03255 Fax: (863) 533-03254

Werbung auf Bußgeldbescheiden: Dynamisch, modern und risikofreudig

BMW Group

BMW AG 80788 München

Herrn
Dr. Hemmo von Rieden jr.
American Commerce Solutions ltd
Lipper Kamp 26

49078 Osnabrück

Ihre Zeichen	
Ihre Nachricht vom	
Abt./Absender	VZ-5 / Thomas Giuliani
Telefon	49 89 382-28250
Fax	49 89 382 51389
e-mail	thomas.giuliani@bmw.de
Datum	17.05.2004
Thema	

Sehr geehrter Herr von Rieden,

vielen Dank für Ihr Angebot, welches wir mit großem Interesse gelesen haben.

Aus konzeptionellen Gründen möchten wir jedoch von einer Nutzung Ihres Angebotes absehen.

Ein Hintergrund ist, dass wir für die Marke BMW Werbeträger bevorzugen, die eine emotionale Zielgruppenansprache erlauben.

Für Ihr Interesse an einer gemeinsamen Zusammenarbeit möchten wir Ihnen trotzdem recht herzlich danken und verbleiben

mit freundlichen Grüßen
Bayerische Motoren Werke Aktiengesellschaft

i.V.

Thomas Giuliani
Leiter Markenkommunikation BMW
und Group Marketing Services

Firma
Bayerische
Motoren Werke
Aktiengesellschaft

Postanschrift
BMW AG
80788 München

Hausanschrift
BMW Haus
Petuelring 130

Hausanschrift
Forschungs- und
Innovationszentrum (FIZ)
Knorrstraße 147

Telefon
Zentrale
+49 89 382-0

Fax
+49 89 382-25858

Internet
www.bmwgroup.com

Bankkonto
BMW Bank GmbH
Konto 5100 940 940
BLZ 702 203 00

IBAN DE02 7022 0300
5100 9409 40

SWIFT(BIC)
BMWBDEM1

Aufsichtsratsvorsitzender
Volker Doppelfeld

Vorstand
Helmut Panke
Vorsitzender
Ernst Baumann
Michael Ganal
Burkhard Göschel
Stefan Krause
Norbert Reithofer

Sitz und Registergericht
München HRB 42243

Maik Mrdovic

Lipper Kamp 29
49078 Osnabrück

Botschaft der Bundesrepublik
Postfach 250

CH - 3006 Bern 16

17.4.2004

Hallo,

demnächst soll ich zur Musterung. Aber auf Bundeswehr hab ich überhaupt kein Bock und auf Zivildienst fahr ich auch nich grade ab. Überall nur Asis!

Ätzende Aussichten.

Ich raff noch nich, wie ich aus der Nummer rauskommen kann.

Gipts da nich ne Möglichkeit so als Fahrer ganz easy für diese Diplomatenfreaks im Ausland? Kippen und Whiski bis zum abwinken. So ganz frei von dem ganzen militärischen Bullshit?

Das fänd ich cool! Bitte checkt das doch mal.

Für heute erstmal Ciao

maik mrdovic

Botschaft
der Bundesrepublik Deutschland
Bern
Embassy
of the Federal Republic of Germany

Bern, den 26. April 2004
Sch/br

Gz.: Vw 110 Mrdovic
(Bitte bei Antwort angeben)

Herrn
Maik Mrdovic
Lipper Kamp 29

D – 49078 Osnabrück

Sehr geehrter Herr Mrdovic,

Ihr Schreiben vom 17.04.2004 hat die Botschaft erhalten.

Leider müssen wir Ihnen mitteilen, dass auf absehbare Zeit keine Stelle zur Verfügung steht.

Mit freundlichen Grüßen
Im Auftrag

Schuhmann, Kanzler I. Kl.

Adresse:	Post:	Telefon:	Telefax:
Willadingweg 83 (Kanzlei)	Postfach 250	0041-313594111 (Botschaft)	0041-313594444 (Botschaft)
Willadingweg 78 (Rechts- u. Konsularabteilung)	3006 Bern 16	0041-313594242 (Visastelle)	0041-313594456 (Visastelle)
3000 Bern 16	Schweiz	0041-313594270 (Passstelle)	0041-313594470 (Passstelle)

Initiative Ferrari Kombi

Dr. Ursula Engelen-Kefer
Henriette-Herz-Plattz 2

10178 Berlin

8.4.2004

Liebe Frau Engelen-Kefer,

anlässlich eines Arbeitsessen mit befreundeten Regisseuren erfuhr ich, dass auch Sie Ferrarifahrerin sind. Sicher kennen Sie als Mutter das Problem, auf den Hintersitzen die Kinder unterzubringen.

Seit Jahren schon bemüht sich eine Initiativgruppe darum , das Werk in Maranello zu zwingen , einen familiengerechten Ferrari-Kombi zu bauen.

Ähnliche Initiativen laufen unseres Wissens schon in den USA und in Monaco. Um eine Schirmherrschaft in dieser Sache von Herrn Schumacher bemüht sich unser Freundeskreis bisher vergeblich.

Wir sehen nicht ein, dass eine solche restaurative Benachteiligung von Ferrarifahrern mit ihren Familien heute noch möglich ist. Diese Arroganz passt nicht mehr in unsere Zeit. Da sehen wir rot!!

Können Sie sich h vorstellen, uns aktiv in unserer Arbeit zu unterstützen, denn Ihre Stimme wird sicherlich besonders deutlich vernommen?

Können wir Ihren Namen in einem Zeitungsaufruf verwenden?

Mit freundlichem Gruß

(i.A. W. Hornemann)

P.S. Falls Sie unterwegs sind und sich innerhalb der nächsten 3 Wochen nicht melden, werten wir dies als Zustimmung. Diese Abkürzung des Verfahrens wird Ihnen
sicher entgegenkommen.

LIPPER KAMP 29 49078 OSNABRÜCK GERMANY
FAX. 0541-4430061

 Gewerkschaftsarbeit: Nachteile von Ferrarifahrern mit Familie bekämpfen

Dr. Ursula Engelen-Kefer
Stellvertretende Vorsitzende
des Deutschen Gewerkschaftsbundes

Henriette-Herz-Platz 2
10178 Berlin
Tel. (030) 24060-259
Fax (030) 24060-276

Herrn
Winfried Bornemann
Lipper Kamp 29
49078 Osnabrück

16. April 2004
EK/sy

per FAX: 0541/4430061

Initiative Ferrari Kombi

Sehr geehrter Herr Bornemann,

haben Sie sehr herzlichen Dank für Ihre Anfrage, die mir über W. Hornemann übermittelt worden ist.

Ihr Anliegen in Sachen „Ferrari Kombi" ist zweifellos berechtigt. Unser Land muss familienfreundlicher werden. Auch Ferrarifahrerinnen sollten deshalb nicht länger benachteiligt sein. Vielleicht könnte es deshalb ratsam sein, wenn die „Initiative Ferrari Kombi" eine öffentlichkeitswirksame Aktion startet. Ich könnte mir eine Sternfahrt nach Maranello vorstellen, bei der die armen Ferrarifahrerinnen ihre Kinder, Freunde oder Haustiere in einem Anhänger hinter sich herziehen, um so auf ihr Schicksal aufmerksam zu machen.

Allerdings muss ich Ihnen mitteilen, dass ich Ihre Initiative persönlich nicht unterstützen kann. Bitte klären Sie Ihre befreundeten Regisseure darüber auf, dass ich keine Ferrarifahrerin bin. Ich muss mich zwar mit vielen Vorurteilen herumschlagen, aber dies ist definitiv eine Ente. Ich hätte ohnehin große Probleme, unseren Hund Timmy in einem solchen Fahrzeugtyp unterzubringen.

Ich wünsche der Initiative Ferrari Kombi dennoch viel Erfolg und Ihnen weiterhin viel Spaß dabei. Es würde mich freuen, wenn Sie mich über eventuelle Veröffentlichungen der Initiative Ferrari Kombi informieren könnten.

Mit freundlichen Grüßen

Ursula Engelen-Kefer

Dr. Ursula Engelen-Kefer

WINFRIED BORNEMANN

Stadt Gnoien
Herr Bürgermeister Schörner
Markt 11

17179 Gnoien

8.April 2004

Sehr geehrter Herr Bürgermeister Schörner,

herzlichen Glückwunsch!

Ich habe mich entschieden, meinen Urlaub dieses Jahr in Ihrer Gemeinde zu verbringen. Ihr Ort und die Umgebung sollen ja sehr anregend sein und die Bewohner ganz reizend und entgegenkommend.

Deswegen habe ich keine Scheu, einen Extrawunsch zu äußern.
Da ich im nächsten Jahr beruflich 6 Monate in England zu tun habe, muss ich das Linksfahren üben!

Können Sie mir eine allgemeingültige Ausnahme-Genehmigung geben oder evtl. tageweise einzelne Stadtteile sperren?

Linksverkehr ist schwer, sagten schon die alten Römer.

Ich zähl auf Sie!

Mit freundlichen Grüßen

LIPPER KAMP 29 49078 OSNABRÜCK GERMANY

Bitte an den Bürgermeister: Linksverkehr in der Warbelstadt Gnoien

STADT GNOIEN

Der Bürgermeister

Warbelstadt Gnoien

Herrn
Winfried Bornemann
Lipper Kamp 29

49078 Osnabrück

Markt 11
17179 Gnoien
Tel.: 039971 12065
Fax: 039971 12085
e-mail: Stadt.Gnoien@t-online.de
www.Warbelstadt-Gnoien.m-vp.de

Ihre Zeichen	Ihre Nachricht vom	Unsere Zeichen	Datum
		Sch/Ha	27. April 2004

Sehr geehrter Herr Bornemann,

ich finde es toll und begrüße Ihren Entschluss, in unserer schönen Warbelstadt Gnoien Ihren Urlaub zu verbringen.

Wie sind Sie auf uns gestoßen; über das Internet oder durch Gäste, die bereits bei uns waren oder ...?

Unsere Menschen sind hier wirklich offen und jeder Idee gegenüber aufgeschlossen, so dass wir auch Ihr Ansinnen gut verstehen können.

Nun haben wir für Sie eine praktische Idee – die großen weiten Rapsfelder sind nach der Ernte so was von geeignet, ganze Straßenzüge, Kreuzungen u. ä. abzustecken und dann für jede Übung gut. Sie stellen das Material bzw. übernehmen die Kosten – wir bauen Ihnen einen Fahrparcours.

Wenn das also eine ernstzunehmende Idee von Ihnen ist, können wir vielleicht ein bisschen Werbung für unser schönes Heimatstädtchen und seine Bewohner machen.

Mit freundlichem Gruß

Hans-Georg Schörner
Bürgermeister

Idee des Bürgermeisters: Gute Werbung für das schöne Heimatstädtchen

Leitung der
Schule Schloss Salem

88682 Salem

18.4.2004

Sehr geehrte Damen und Herren,

ich bin ein Self-made-man ohne viel Bildung, aber mit viel Geld.

Mit Schrottverkäufen musste ich mich nach oben boxen. Obwohl ich heute ganze Stadtteile kaufen könnte, werde ich gesellschaftlich noch immer geschnitten.

Diesen Weg möchte ich meinen beiden Söhnen gern ersparen. Deshalb meine Frage an Sie: Können Sie mir garantieren, dass meine heute 12- und 14 jährigen Söhne mit anderen Heranwachsenden aus Adel und Finanzwelt in Ihrem Hause in gepflegten gesellschaftlichen Kontakt kommen können, der in späteren Jahren zu einem gesellschaftlichen Aufstieg führt?

Wenn Sie dies bejahen, werden Sie bald zwei Zöglinge mehr haben. Die schulischen Leistungen an einem hiesigen öffentlichen Gymnasium sind bei beiden Söhnen zur Zeit mittelmäßig.

Bitte benachrichtigen Sie mich umgehend.

Mit freundlichen Grüßen

Lipper Kamp 29   49078 Osnabrück   Fax: 0541-4430061

Salem

Schule Schloss Salem · D-88682 Salem

Herrn
Winfried Bornemann
Lipper Kamp 29

49078 Osnabrück

Schule Schloss Salem
Internat für Jungen und Mädchen
staatlich anerkanntes Gymnasium
Abitur · International Baccalaureate

Der Leiter

Durchwahl 07553/ 919 322
Fax 07553/ 919 380
bernhard.bueb@salem-net.de

Bb/Roe

Salem, den 26. April 2004

Sehr geehrter Herr Bornemann,

vielen Dank für Ihr Schreiben vom 18. 4. 2004.

Sie stellen uns eine schwierige Frage. In der Pädagogik kann man schwerlich etwas garantieren, schon gar nicht, dass Jugendliche sich in einer bestimmten Richtung entwickeln. Dass Jungen im Altern von 12 und 14 Jahren in Salem die Möglichkeit haben, sich auf ein Leben in gesellschaftlich gehobenen Schichten vorzubereiten, lässt sich bestätigen. Letztlich hängt es aber ganz und gar von der Anstrengung und dem Charakter der Jungen ab, ob ihnen Anerkennung zuteil wird. Denn letztlich ist jeder seines Glückes Schmied.

Ich würde deswegen gerne mit Ihnen telefonieren. Die Motivation nach Salem zu gehen, sollte nicht ausschließlich im gesellschaftlichen Aufstieg begründet sein, sondern in dem Programm der akademischen Bildung und der Charakterbildung, das wir bieten. Vielleicht ließe es sich am Besten bei einem Besuch klären.

Ich lege Ihnen einen Prospekt unserer Schule bei. Vermutlich haben Ihre Söhne, wenn sie von dieser Idee schon wissen, bereits im Internet nachgesehen.

Wenn Sie daran interessiert sind, würde ich gerne in den nächsten Tagen einmal mit Ihnen telefonieren.

Mit freundlichen Grüßen

Dr. Bernhard Bueb

Zentrale: Telefon (07553) 919-0 · Telefax (07553) 919-380 · info@salem-net.de · www.salemcollege.de
Postbank Karlsruhe 38 452-755 (BLZ 660 100 75) · Sparkasse Salem-Heiligenberg 200 1907 (BLZ 690 517 25)

Giselda v. Grosse-Tytten geb. Comini
Mitglied der Katholischen Frauengemeinschaft Osnabrück
urkundlich seit 1217

Herrn Intendanten
NDR 2

20140 Hamburg

30.4.2004

Sehr geehrter Herr Intendant,

lassen Sie sich von einer 82 jährigen Dame sagen, Sie unterschätzen Ihre Hörer!

Wenn ich dieses weichgespülte, käsige Musikprogramm Ihres Senders höre, wird mir ganz flau! Dauernd diese uninspirierten Piepstöne von und für kleine Pipimädchen. Kein Rhythmus, kein Groove, kein Lebensgefühl, kein gar nichts.

Wo bleiben längst anerkannte neuere Entwicklungen von Stars wie z.B. Eminem, P.Diddy , Fifty Cent, Snoop Dog, Fun Loving Criminals? Sie trauen sich ja nicht mal Rap, Hip-Hop, Crossover oder Funk über den Äther zu jagen.

Meine Frage: Welcher Eunuch ist für diese entsetzlich seelenlose Musikauswahl verantwortlich? Wir Hörer haben ein Recht auf Mitsprache, weil wir ja diesen Weichkäse mit unseren Gebühren bezahlen.

Denken Sie bloß nicht, dass ich schrullig bin und allein dastehe. Aus vielen Gesprächen weiß ich, daß viele andere Senioren genauso denken.
Unsere Kindergeneration (heute zwischen 45 und 62J.) ist mit Bill Haley und Chuck Berry aufgewachsen, was glauben Sie wohl, hält die von Ihrer saft- und kraftlosen Sülzmusik?

Kann ich damit rechnen, noch zu Lebzeiten auf ihrem Sender vitale Musik zu hören?
Dann: freundliche Grüße

P.S. Vertrösten Sie mich nicht mit Ihren anderen Kindersendern!

Lipper Kamp 29 49078 Osnabrück
Privatbank Partin: Kto. 43221 (345 675 07)
Familiensitz: Via Dolomiti 39034 Dobbiaco - Dolomiti Alto Adige Italia

Giseldas Frage: Welcher Eunuch trifft solch seelenlose Musikauswahl?

NDR 2

NORDDEUTSCHER RUNDFUNK | 20140 HAMBURG

PROGRAMMDIREKTION HÖRFUNK | NDR 2
ROTHENBAUMCHAUSSEE 132 | 20149 HAMBURG
TELEFON (040) 41 56-0 | FAX (040) 41 56-30 20

Frau Giselda v. Grosse-Tytten
Lipper Kamp 29
49078 Osnabrück

Ihr Zeichen	Unser Zeichen	Durchwahl	Fax	E-Mail ...@ndr.de	Datum
	AP	3837	3449	a.pencz	04.05.2004

WWW.NDR2.DE

Ihre Beschwerde

Sehr geehrte Frau v. Grosse-Tytten,

wir haben Ihren Brief vom 30.04.04 erhalten. Es tut uns sehr Leid, dass Ihnen unser Programm nicht gefällt. Sie scheinen schon zu wissen, dass der NDR fünf Radioprogramme hat, wo tatsächlich jeder und jede Musikrichtung Beachtung findet. Die von Ihnen gewünschte Musikrichtung können Sie bei unserem Jugendsender N`Joy hören.

Mit freundlichen Grüßen

Astrid Pencz
NDR 2 Programm-Management Off Air

DER NORDDEUTSCHE RUNDFUNK KANN NUR VON ZWEI BEVOLLMÄCHTIGTEN PERSONEN VERTRETEN WERDEN. | BANKVERBINDUNG | DEUTSCHE BANK, HAMBURG | BLZ 200 700 00 | KTO-NR. 0 508 911

Antwort an Giselda: Dann passt der Jugendsender N'Joy am besten

Carl Spitzweg
1808 - heute

Herrn Bundeskanzler
Sigmar Gabriel
SPD Fraktion
Hinrich-Wilhelm-Kopf Platz 1

30159 Hannover

Frisch für Euch skizzieret:

28.5.2004

Werther Herr Bundeskanzler Gabriel!

Entschuldigt bitte meine durch die Zeitenläufte beeinflußte Sprache, zumahlen ich in jüngster Vergangenheit oftmalig mit meinem alten Freund Albrecht Duerer in Wirtshausgespraeche involvieret war.

Euch zur Kenntnisnahme: Gebuertig aus Muenchen bin ich als Kunstmaler ausgezogen, den Norden zu visitieren. Derzeitig habe ich das schoene Osnabrueck erreicht, um hier einige kleinformatige Gemaelde vorzubereiten. Mein liebster Stil ist die Idylle der modernen Biedermeiermalerei. So habe ich schon einige Kleinode zum Schmuntzeln gemalet wie "Der arme Poet" oder "Der Bibliothekar".

Mein naechstes Bild werde ich nennen "Der Mittagsschlaf" und Ihr, werther Herr, erscheinet mir hierfuer als Modell erster Guethe!
Ihr leget Euch einfach zu Bett oder auf das Kanapee derweilen ich Euch malen werde.
Mit ein wenig Glueck und Gottes Guethe wird man uns beide dereinst daführ rühmen, wenn das Werck die Jahrhunderte überdauert. So könnet Ihr auf diese Weise Euren eignen Toth überleben.

Wann könnet Ihr mich fuer eine erste Sitzung empfangen?

Mit allergroeßter Werthschaetzung
verbleibe ich Ihr

momenthan logieret bey: Winfried Bornemann Lipper Kamp 29 49078 Osnabrück

Sigmar Gabriel

Vorsitzender
der SPD-Fraktion i. Nds. Landtag

Abgeordneter
im Wahlkreis
Goslar/Liebenburg/Vienenburg

Landtagsbüro
SPD-Fraktion
Hinrich-Wilhelm-Kopf-Platz 1
30159 Hannover
Telefon (05 11) 30 30 - 40 35
Telefax (05 11) 30 30 - 48 11
e-mail: Sigmar.Gabriel@LT.Niedersachsen.de

Sigmar Gabriel · Hinrich-Wilhelm-Kopf-Platz 1 · 30159 Hannover

Herrn
Carl Spitzweg
z.Z. bei c/o Winfried Bornemann
Lipperkamp 29

49078 Osnabrück

6. Juli 2004

Ihr Schreiben vom 28.05.2004

Werther Herr Spitzweg alias Bornemann,

ob ich wirklich das geeignete Objekt Ihrer malerischen Begierde bin, da habe ich so meine Zweifel. Und meine Zweifel wachsen um so mehr wenn ich daran, dass Sie mich als Modell für den „Mittagsschlaf" vortrefflich finden.

Der Mittagsschlaf ist, wie Sie als mittlerweile 196jähriger wissen müssten, doch eher ein Brauch bzw. Verlangen der Älteren. Ich jedenfalls übe diesen (noch) nicht aus, sondern erfreue mittags der lebhaften geistigen Hektik, um nicht von biedermeiermalerischen Untoten porträtiert zu werden.

Doch bleiben wir bei der Sache, werther Künstler Spitzweg: Irgendetwas muss Ihnen im Zeittunnel zugestoßen sein. Ich bin fürwahr kein Bundeskanzler! In diesem Punkte scheinen Sie der Zeit zumindest weit voraus. Zudem: Sie haben nach meiner Erinnerung ein wunderschönes Spätwerk mit an Delacroix erinnernde Landschaftsbilder geschaffen, die ihren beliebten Sujets des Vormärz weit überlegen waren.

Gleichwohl: Bestellen Sie Ihrem alten Wirtshausfreund den von mir hoch geschätzten Albrecht Dürer alles Liebe und Gute und teilen Sie ihm bitte mit, wie sehr ich ihn schätze und verehre. Wir drei sollten uns nicht allzu ferner Zeit einmal zu einem freundlichen Trunke treffen in meiner Heimat und Kaiserstadt Goslar.

Wenn Sie dann noch, werther Herr Spitzweg, den Pinsel kreativ zu führen wissen, dann stünde ich auch als Modell bereit: sozusagen als Randfigur einer deftigen

Wirtshausszene. Ob die allerdings die Jahrhunderte überdauert, das möge die Nachwelt entscheiden.

Mit eben so großer Wertschätzung
Ihr

Sigmar Gabriel

Privat:
Kiefernbrink 1
38640 Goslar
Telefon (0 53 21) 4 26 89

040706Spitzweg

Wahlkreisbüro
Spitalstraße 1 · 38640 Goslar
Telefon (0 53 21) 2 22 62 · Telefax (0 53 21) 4 17 88
e-mail: Gabriel@Sigmar.de

Nikolaus Hohenlohe
Privatier

Dr. Michael Farkas
Waldhöhenweg 6

CH 3013 Bern

21.4.2004

Sehr geehrter Herr Dr. Farkas,

unser Neugeborenes ist unter optischen Aspekten eine Katastrophe!

Alles ist verschrumpelt, die Ohren sind viel zu groß und abstehend, der Haarwuchs außerordentlich spärlich.

Wir trauen uns kaum noch unter Leute. Können Sie nicht mit ein paar chirurgisch-künstlerischen Eingriffen unseren Maximilian liften?

Man sagt ja, dass Babies gute Heilkräfte haben und einiges vertragen können.

Ich muss jetzt aufhören, dieser hässliche Vogel schreit schon wieder!

Wir bitten um Termin- und Kostenangabe.

Mit freundlichen Grüßen

N. Hohenlohe

Lipper Kamp 29 49078 Osnabrück

DR. MED. MICHAEL L. FARKAS

Member®

AMERICAN SOCIETY OF PLASTIC AND RECONSTRUCTIVE SURGEONS, INC. CERTIFIED BY THE AMERICAN BOARD OF PLASTIC SURGERY INC.

Spezialarzt
Ästhetische Chirurgie und plastische Chirurgie

Herrn
Nikolaus Hohenlohe
Lipper Kamp 29

49078 OSNABRUECK

Bern, April 2004-04-27

Sehr geehrter Herr Hohenlohe

Zu Ihrem Schreiben: Ich beantworte in der Regel keine Anfragen, hier die Ausnahme.

Nun, Schönheit ist nicht operabel, Schönheitschirurgie ein irreführender Begriff.
Falls Kunst bloss Können wäre, könnte man von künstlerischer Chirurgie sprechen…:

Ich behandle ausschliesslich Patienten, welche selbst mit ihrer Erscheinung nicht zufrieden sind, also nicht auf Anfragen oder Anregungen von Drittpersonen hin plastische Chirurgie erwägen.

Maximilian ist süss, wie Sie ja selbst wissen.

Mein „Therapievorschlag“ in Sachen“ maintenance“:

- Volle Akzeptanz
- Liebe
- Wärme
- Zuneigung und Verständnis und er wird garantiert erblühen.

Dies ist ein Geheimtipp, der bei unseren erwachsenen Söhnen funktionierte.

Viel Freude mit Ihrem Kind.

Mit freundlichen Grüssen

Dr. med. M.L. Farkas

Waldhöheweg 6 · 3013 Bern · Switzerland Telefon 031/333 01 07 · Fax 031/331 86 50

Geheimtipp: Therapievorschlag in Sachen »maintenance«

WINFRIED BORNEMANN

Landkreis Peine
Der Landrat
Fachdienst Ordnungswesen
Burgstr. 1

31224 Peine

18.6.2004

Ihr Zeichen: 22040404049

Betr.: **Unser Kränzchen wurde geblitzt**

Sehr geehrte Sachbearbeiter in Blitzsachen,

am 31.3. dieses Jahres hatten Sie uns erwischt. Wir wurden auf Film Nr. 70 von Polizeikommisssar Kirk aufgenommen. An diesem Abend war ich mit den anderen Damen unseres Kränzchens auf der Rückfahrt von Berlin. Und ehrlich gesagt, wir waren voll in Stimmung und hatten stark damit gerechnet geblitzt zu werden, weil wir wissen wollten, wer unsere Blitzkönigin wird. Und so haben wir uns ständig beim Fahren abgewechselt und ordentlich Gummi gegeben, weil jeder gewinnen wollte. Klar, dass wir strikt darauf geachtet haben, niemanden zu gefährden.
Soweit hat das ja mit Ihnen wunderbar geklappt. Nur **wen** haben Sie fotografiert? Niemand hat etwas gemerkt und ein Bild liegt nicht dabei. Alle Damen behaupten, sie hätten gewonnen - aber keiner kann es beweisen. Ich lege Ihnen 4 Fotos der Damen zur Identifizierung bei: Bitte übernehmen Sie!!

Wir sind mit Ihnen einer Meinung, dass Strafe sein muss, abern wir möchten den Titel „Blitzkönigin" nicht so leicht verschenken.

Bitte benennen Sie uns die Fahrerin und Sie erhalten umgehend unseren Wegezoll mit Trinkgeld (1 Euro für die Kaffeekasse)

Mit besten Grüßen

Blitzkönigin (2): Wer von uns saß am Steuer?

LANDKREIS PEINE
Der Landrat

Fachdienst Ordnungswesen

Burgstraße 1 · 31224 Peine

e-mail: fd22@landkreis-peine.de
Internet: www.landkreis-peine.de

Sprechzeiten: Mo. Di. 8.30-15.00, Do. 8.30-17.00, Fr. 8.30-12.00 Uhr

Auch außerhalb der angeführten Sprechzeiten stehen wir Ihnen gern nach vorheriger Terminvereinbarung zur Verfügung

Bei Rückfragen wenden Sie sich bitte an Frau Spanowsky (vormittags)

Sie erreichen Ihre Ansprechpartnerin oder Ihren Ansprechpartner persönlich im Gebäudeteil A EG in Zimmer 38
telefonisch unter 05171/401238
per Fax unter 05171/401 234

Landkreis Peine - Postfach 1360 - 31203 Peine
gegen Postzustellungsurkunde 22 040404049

Herrn
Winfried Bornemann
Lipper Kamp 29

49078 Osnabrück

Mein Zeichen	Datum
22040404049	**30.06.2004**
Bitte stets angeben	

Bußgeldbescheid

Geburtsname:
Geburtstag: 26.11.1944
Geburtsort: Göttingen

Zustellbevollmächtigter

Sehr geehrter Herr Bornemann,

Ihnen wird vorgeworfen, am **31.03.2004** um 20:13 Uhr in LK Peine, BAB 2, Km 194,500, Richtung Hannover, als Führer des PKW OPEL **M -CM 4961** folgende Verkehrsordnungswidrigkeit(en) nach § 24 StVG begangen zu haben:

Sie überschritten die zulässige Höchstgeschwindigkeit außerhalb geschlossener Ortschaften um 25 km/h. Zulässige Geschwindigkeit: 120 km/h; Festgestellte Geschwindigkeit (abzgl. Toleranz): 145 km/h.
§ 41 Abs. 2, § 49 StVO; § 24 StVG; 11.3.4 BKat
Die Geldbuße habe ich aufgrund einer Voreintragung angemessen erhöht.

Bemerkungen / Tatfolgen:	Nach gründlicher Recherche bin ich zu der Auffassung gekommen,dass Sie selbst den Titel der "Blitzkönigin" erlangt haben! Herzl. Glückwunsch!
Beweismittel:	Radarmessung , Multanova 6 F Messprotokoll Nr. vom 31.03.2004 Film 70
Zeugen:	PK Kirk, BAB PK Braunschweig

Wegen dieser Ordnungswidrigkeit(en) wird gegen Sie

1. eine **Geldbuße** festgesetzt (§ 17 OWiG) in Höhe von
2. Außerdem haben Sie die Kosten des Verfahrens zu tragen (§§ 105, 107 OWiG i. V. m. §§ 464 (1), 465 StPO)

Geldbuße:	**50,00 EUR**
Gebühr:	**12,50 EUR**
Auslagen Verwaltung:	**5,60 EUR**
Auslagen der Polizei:	**0,00 EUR**
sonstige Auslagen:	**0,00 EUR**
Gesamtbetrag:	**68,10 EUR**

Punkte nach Rechtskraft: 01

Im Auftrag

Frau Ribbeck

Rechtsbehelfsbelehrung, Zahlungsaufforderung sowie Hinweise für den Fall eines Einspruchs siehe Rückseite!

Dieses Schreiben wurde maschinell erstellt und ist ohne Unterschrift gültig.

Blitzkönigin (3): 145 waren 25 zuviel

WINFRIED BORNEMANN

Landkreis Peine
Der Landrat
Fachdienst Ordnungswesen
Burgstr. 1

31224 Peine

8.7.2004

Betr.: **Ihr Zeichen 220 40404049**

Lieber Herr Landrat, liebe Blitzer,

so geht es nicht!! Sie können doch nicht einfach mein Schreiben vom 18.6. ignorieren und den Beamten raushängen lassen!

Also nochmals:
Wer von uns ist gefahren?

0 Carola v. Gästern
0 Giselda v. Grosse-Tytten
0 Dr. Gerda v. Nussink
0 Bine van Bakker
0 Winfried Bornemann

Wir sind eine zahlfreudige Truppe, aber dafür wollen wir auch etwas haben, nämlich das Blitzer-Sieger-Foto. Also, seien Sie nicht weiter so kleinlich und peine-lich und rücken das Foto raus.

Um unseren guten Willen zu zeigen, überweisen wir Ihnen zunächst 20 Euro. Hauen Sie aber das Geld nicht sofort wieder auf den Kopp, sondern kaufen lieber neue Blitzlichter.

Nichts für ungut, Ihr Bleifuß

LIPPER KAMP 29 49078 OSNABRÜCK GERMANY

Blitzkönigin (4): Foto her und bitte nicht so peine-lich!

LANDKREIS PEINE
Der Landrat

Fachdienst Ordnungswesen

Burgstraße 1 · 31224 Peine

e-mail: fd22@landkreis-peine.de
internet: www.landkreis-peine.de

Sprechzeiten: Mo. Di. 8.30-15.00, Do. 8.30-17.00, Fr. 8.30-12.00 Uhr

Auch außerhalb der angeführten Sprechzeiten stehen wir Ihnen gern nach vorheriger Terminvereinbarung zur Verfügung

Bei Rückfragen wenden Sie sich bitte an Frau Spanowsky (vormittags)

- Sie erreichen Ihre Ansprechpartnerin oder Ihren Ansprechpartner persönlich im Gebäudeteil A EG in Zimmer 38
telefonisch unter 05171/401238
per Fax unter 05171/401 234

Landkreis Peine - Postfach 1360 - 31203 Peine

Herrn
Winfried Bornemann
Lipper Kamp 29

49078 Osnabrück

Ihr Zeichen / Ihre Nachricht

Mein Zeichen
22040404049
Bitte stets angeben

Datum
15.07.2004

Verkehrsordnungswidrigkeitenverfahren

Sehr geehrter Herr Bornemann,

[ ] **Kurzmitteilung**

Die beigefügten Unterlagen übersende ich Ihnen mit der Bitte um

[X] Kenntnisnahme	[ ] Prüfung
[ ] weitere Veranlassung	[ ] Ausfüllung
[X] zum dortigen Verbleib	[ ] Stellungnahme
[ ] Auswertung	[ ] Rückgabe bis zum

[X] Mitteilungen

anbei sende ich Ihnen noch das "Siegerfoto".
Gefahren ist eindeutig Winfried Bornemann, was bereits im Bußgeldbescheid unter "Bemerkungen" vermerkt wurde.

Mit freundlichen Grüßen   Anlagen   Seiten

Im Auftrage
Frau Ribbeck

Dieses Schreiben wurde maschinell erstellt und ist ohne Unterschrift gültig.

Blitzkönigin (4): Bitte Kenntnisnahme – und keine weiteren Fragen

Giselda v. Grosse-Tytten geb. Comini
Mitglied der Katholischen Frauengemeinschaft Osnabrück

Polizei Führungsakademie
Heininger Str. 100

73037 Göppingen

30.4.2004

LEIDER OHNE ANTWORT!

Sehr geehrte Herren,

vor kurzem war ja mal wieder in unserer Stadt eine Demo mit über 3000 Polizisten im Einsatz. Es gab 87 Festnahmen und leider auch verletzte Polizisten.

Das Problem dabei war die Auflösung von Menschenmassen. Wie man das einfacher und ohne Gewalt hinkriegt, verrate ich Ihnen gern.

Drücken Sie jedem Polizisten eine Sammelbüchse in die Hand und lassen Sie Geld sammeln für irgendetwas
(z.B. Kriegsgräberfürsorge, Polizeigenesungswerk...)

Sie sollen mal sehen, wie schnell alles auseinanderläuft.!

Jeder macht einen großen Bogen und sucht das Weite!!

Sollte wider Erwarten doch jemand spenden, wird er wohl kaum hinterher dem Sammler auf die Glocke hauen.

Vielleicht hilft diese Anregung ja weiter!!

Werden Sie es mal testen?

G. v. G.- Tytten

Lipper Kamp 29 49078 Osnabrück
Privatbank Partin: Kto. 43221 (345 675 07)
Familiensitz: Via Dolomiti 39034 Dobbiaco - Dolomiti Alto Adige Italia

Menschenmassenauflösung: Polizisten mit Sammelbüchsen

Winfried Bornemann

Mitglied des ADAC seit 1997
MdB EK

EuroCoin AG

Rosenweg 15

58239 Schwerte

Betr.: **Falsche Münze?** **15.7.2004**

Sehr geehrte Damen und Herren,

ich bezeichne mich als kritischen Staatsbürger. Man liest so viel über Bankraub und Falschmünzerei. Am 2. Juni um 12 Uhr 15 habe ich in einem bekannten deutschen Kaufhaus das beigefügte Geldstück als Wechselgeld zurückbekommen. Schon vom Gewicht her erschien mir dieses Geldstück verdächtig. Außerdem habe ich Zweifel in Größe und Umfang.

Bitte prüfen Sie doch einmal in Ihren Speziallabors nach, ob es sich hier wirklich um ein echtes 1 Cent Stück handelt.

Bitte betrachten Sie mein Anliegen nicht als aufdringlich. Ich bin auch gewiss kein Pfennigfuchser, aber hier geht es mir um das Prinzip.

Hochachtungsvoll

Winfried Bornemann - Lipper Kamp 29 - 49078 Osnabrück - email: wibornemann@web.de - www.briefmacker.de

VDN EuroCoin

AsiaCoin
Ceco
EuroCoin ComCard
EuroCoin Consulting
EuroCoin iclear
EuroCoin Recycling
NordicCoin
SAXONIA EuroCoin
World Money Fair

EuroCoin AG · Rosenweg 15 · D-58239 Schwerte

Winfried Bornemann
Lipper Kamp 29

49078 Osnabrück

Schwerte, 31.08.2004

Telefon: 0 23 04 / 108 - 384
Telefax: 0 23 04 / 108 - 422

Ihr Zeichen	Ihre Nachricht vom	Unser Zeichen	Tel. -384 / Fax -422
	26.08.04	QS/Re	e-mail: rehbein@eurocoin.de

Analyse 1 Cent Deutschland

Sehr geehrter Herr Bornemann,

auch wenn wir nur Lieferant für Münzrohlinge sind, haben wir ein großes Interesse, Fälschungsversuche möglichst schnell aufzudecken. Hierbei sind wir natürlich auf die Mithilfe der Mitbürger(innen) unseres Landes angewiesen. Aus diesem Grund möchte ich mich zunächst einmal recht herzlich für Ihre Information bedanken.
Ich kann Sie allerdings beruhigen. Bei dem von Ihnen beigefügten 1 Cent Stück handelt es sich zweifelsfrei um ein echtes 1 Cent Stück der Bundesrepublik Deutschland, geprägt in Hamburg 2002.

Im Anhang finden Sie ein Prüfprotokoll mit drei Einzelmessungen. Wir haben hier zwei zufällig ausgewählte 1 Cent Stücke (Nr. 1 und 2) zusammen mit Ihrem (Nr. 3) vermessen. Wie Sie anhand der Messergebnisse sehen können, schwanken die Messwerte in einem gewissen Bereich. Ich kann Ihnen leider nicht die zulässigen Sollwerte mitteilen, da diese der Geheimhaltung unterliegen. Ich kann Ihnen aber versichern, dass alle Messwerte innerhalb der zulässigen Toleranz liegen.
Ein weiterer Prüfbereich sind die physikalischen Eigenschaften. Auch hier kann ich Ihnen versichern, dass alle physikalischen Eigenschaften der zulässigen Spezifikation entsprechen.

Wie alle Bauteile unterliegen auch Münzen gewissen Fertigungsschwankungen. Diese Schwankungen sind in einer entsprechenden technischen Spezifikation als zulässige Toleranz festgehalten. Die fertigungsbedingten Schwankungen ergeben sich aus der Art der Herstellung und der Weiterverarbeitung. Sie werden demnach keine zwei Münzen finden, die tatsächlich identisch sind.
Dies können Sie im Übrigen auch bei Geldscheinen feststellen. Vergleichen Sie einmal die Größe verschiedener Scheine eines Nominals miteinander. Sie werden feststellen, dass es auch hier Unterschiede gibt. Trotzdem handelt es sich um echte Scheine. Sie sehen also, dass die Dimensionen eine eher untergeordnete Rolle im Fälschungsbereich spielen. Viel wichtiger und entsprechend auch viel schwieriger zu fälschen sind die Sicherheitsmerkmale, die es nicht nur auf Scheinen, sondern auch bei Münzen gibt. Als Grundformel gilt hier: je höherwertig das Nominal, desto aufwendiger die

EuroCoin AG
Rosenweg 15
D-58239 Schwerte

Fon
++49. 23 04. 108-200

Fax
++49. 23 04. 86 164

eMail
postmaster@eurocoin.de

Internet
www.eurocoin.de

Vorstand
Dipl.-Kfm. Daniel Sheffer
Dipl.-Ing.-Ök. Stefan Wolff

Vorsitzender des Aufsichtsrates
Dr. Wolfgang Knop

Sitz der Gesellschaft
Schwerte
HRB 1993

Bankverbindung
Commerzbank AG, Schwerte
BLZ 440 400 37
Konto 240 160 200

VDN EuroCoin

AsiaCoin
Ceco
EuroCoin ComCard
EuroCoin Consulting
EuroCoin Iclear
EuroCoin Recycling
NordicCoin
SAXONIA EuroCoin
World Money Fair

EuroCoin AG · Rosenweg 15 · D-58239 Schwerte

Sicherheitsmerkmale. Es gibt verschiedene Arten von Sicherheitsmerkmalen, angefangen von fälschungssicheren Materialien bei Münzen bis hin zu Hologrammen und Sicherheitsfäden bei Scheinen. Während die Sicherheitsmerkmale unserer derzeit gültigen Scheine überall nachzulesen sind, darf ich Ihnen über die Sicherheitsmerkmale der Münzen leider keine genauere Auskunft geben.
Als abschließende Information vielleicht noch folgendes: Münzen gelten aufgrund ihres Prägebildes als besonders aufwendig bei der Fälschung. Viel Arbeit für wenig Gegenwert. Daher "lohnt" es sich, wenn überhaupt, nur die Nominale zu fälschen, die auch in Automaten passen. Die Fälschung eines 1 Cent Stückes übersteigt bei Weitem den Gegenwert und lohnt daher den Aufwand nicht.

Ich hoffe, ich konnte Ihnen hiermit einen kleinen Einblick in unsere Münzwelt geben. Sollten Sie weitere Fragen haben, können Sie sich jederzeit an uns wenden. Eine weitere für Sie interessante Anlaufstelle könnte auch die Bundeswertpapierverwaltung, Bad Homburg (www.bwpv.de) sein. Von hier aus wird u.a. die bundesweite Herstellung von Münzen gesteuert.

Mit freundlichem Gruß
EuroCoin AG

i.A.

Dipl.-Ing. Nico Rehbein
Leiter Qualitätssicherung

Anlagen:
Messprotokoll 1 Cent Deutschland

EuroCoin AG
Rosenweg 15
D-58239 Schwerte

Fon
++49. 23 04. 108-200
Fax
++49. 23 04. 86 164

eMail
postmaster@eurocoin.de

Internet
www.eurocoin.de

Vorstand
Dipl.-Kfm. Daniel Sheffer
Dipl.-Ing.-Ök. Stefan Wolff

Vorsitzender des Aufsichtsrates
Dr. Wolfgang Knop

Sitz der Gesellschaft
Schwerte
HRB 1993

Bankverbindung
Commerzbank AG, Schwerte
BLZ 440 400 37
Konto 240 160 200

VDN EuroCoin

AsiaCoin
Ceco
EuroCoin ComCard
EuroCoin Consulting
EuroCoin iclear
EuroCoin Recycling
NordicCoin
SAXONIA EuroCoin
World Money Fair

EuroCoin AG · Rosenweg 15 · D-58239 Schwerte

Messprotokoll

Name des Kunden: BWPV

Münzsorte: D 1 Cent Euro EK
Material: 1.4/1.4Cu-plt-St4
Los-/Behälter-Nummer:
Datum: 31.08.04
Prüfer: La Guardia
Geprüfte Menge in Stück: 3

	Aussendurchmesser			Randhöhe			Ovalität	Gewicht
Nr	x	min	max	x	min	max		
1	16,24	16,239	16,242	1,663	1,653	1,669	0,002	2,28
2	16,27	16,268	16,271	1,671	1,665	1,674	0,003	2,30
3	16,24	16,239	16,242	1,624	1,615	1,636	0,003	2,30

i.A.

Dipl.-Ing. Nico Rehbein
Leiter Qualitätssicherung

EuroCoin AG
Rosenweg 15
D-58239 Schwerte

Fon
++49. 23 04. 108-200
Fax
++49. 23 04. 86 164

eMail
postmaster@eurocoin.de

Internet
www.eurocoin.de

Vorstand
Dipl.-Kfm. Daniel Sheffer
Dipl.-Ing.-Ök. Stefan Wolff

Vorsitzender des Aufsichtsrates
Dr. Wolfgang Knop

Sitz der Gesellschaft
Schwerte
HRB 1993

Bankverbindung
Commerzbank AG, Schwerte
BLZ 440 400 37
Konto 240 160 200

1 Cent-Analyse (3): Kleiner Einblick in unsere Münzwelt

Winfried Bornemann

Ärztekammer Hamburg
Postfach 760109

22051 Hamburg

16.6.2004

Betr. **Echte Kostendämpfung**

Sehr geehrte Damen und Herren,

die explodierenden Preise im Gesundheitswesen zwingen mich leider dazu, auf etliche unnötige ärztliche Leistungen zu verzichten.
Seit Beginn meiner Krankheitsaufzeichnungen vor 17 Jahren ist es noch nie passiert, dass ein behandelnder Arzt mir eine Diagnose stellte, die ich nicht schon selbst vorher wusste.
Mein Gesundheitslexikon macht für mich ärztlichen Rat völlig überflüssig.

Da ich technisch begabt bin und genau beobachtet habe wie es geht, kann ich mich auch selbst röntgen und impfen. Auch Blutentnahme, Rezeptverschreibung, Krankenschein ausfüllen – kein Problem.

Warum ich Ihnen das alles schreibe? Damit Sie mir ein Zertifikat ausstellen, das mich bei allen Ihren Ärzten berechtigt, die Praxisräume nach eigenem Gutdünken zu nutzen.

Klar kriegen Sie auch Geld – können wir uns auf 15,50 Euro und anteilige Materialkosten einigen?

Im Gegenzug sichere ich Ihnen zu, nur während der normalen sogenannten Sprechzeiten zu kommen.

Mit freundlichen Grüßen

P.S. Kann ich davon ausgehen, dass mir so die Praxisgebühr von 10 Euro erspart bleibt?

Lipper Kamp 29 49078 Osnabrück Fax: 0541-4430061

Ärztekammer Hamburg · Postfach 76 01 09 · 22051 Hamburg

Herrn
Winfried Bornemann
Lipper Kamp 29

49078 Osnabrück

ÄRZTEKAMMER
HAMBURG
Körperschaft des öffentlichen Rechts

Dr. med. Beelmann
Arzt in der Geschäftsführung
Tel.: 040/22802-418

7. Juni 2004

Ihr Schreiben vom 29.04.2004

Sehr geehrter Herr Bornemann,

leider verhinderte mich eine umfangreiche Selbstbehandlung, Ihnen zeitnäher zu antworten. Ich möchte Ihnen jedoch ganz ausdrücklich danken für Ihre konstruktiven Ideen im Hinblick auf die Vermeidung von Redundanzen in Diagnostik und Therapie – und dies auf breitester Front! Ihre vorzugsweise Introspektionsfähigkeit erscheint indes leider eine eher singuläre Qualität zu sein, und auch ich muss für meine Person konzedieren, dass mir in versuchter Nachahmung Ihres Vorgehens die eigene Subjektivität einen längeren Strich durch die Rechnung gemacht hat.

Bei Ihnen aber – und dies wäre eine auf höchster Ebene zu vermittelnde Lehrerfahrung – scheint dieser Strich durch die Rechnung ganz wörtlich als Kostenauflösung wirksam zu werden und ich schlage vor, dass Sie sich mit Ihrem Anliegen auf höchste nationale wenn nicht supranationale Ebene begeben sollten.

Vor Ausstellung eines Zertifikats, das Ihre Fähigkeiten keinesfalls in gehöriger Weiser auszudrücken vermöchte, möchte ich Ihnen anempfehlen, die autokurative Methode dahingehend zu verfeinern, dass apparative, interventionelle oder anders geartete supportive Maßnahmen überflüssig werden, wobei ich an der Erreichung eines derartig glorreichen Endzustandes dank Ihrer Hilfe und Fertigkeiten keinerlei Zweifel habe. Letztlich dürfte alles auf ein Handauflegen (wahlweise auf den Kopf oder vor die Stirn) oder meinethalben auch im Handumdrehen zu lösen sein…

Mit vorzüglicher Hochachtung

Dr. med. Beelmann
(Arzt in der Geschäftsführung)

Bankverbindungen:
Hamb. Landesbank, BLZ 200 500 00, Konto-Nr. 103 150
Deutsche Apoth. u. Ärztebank, BLZ 200 906 02, Konto-Nr. 000 1346 1[illegible]
Postbank Hamburg, BLZ 200 100 20, Konto-Nr. 274 06-206

Humboldtstraße 56 · 22083 Hamburg
Telefon 040 / 22 802-596 · Fax 040 / 220 99 80
aekhh@aerztekammer-hamburg.de

Winfried Bornemann

DKP Die Kommunisten
Franz-Mehring-Platz 1

10243 Berlin

3.5.2004

Liebe Kommunisten,

ich beabsichtige eine Reise nach Berlin zu unternehmen. Auf dem Programm stehen unter anderem auch Kirchenbesuche.

Hier kommen auch schon meine Fragen:

- Welche Kirchen sind empfehlenswert unter Berücksichtigung des Preis-Leistungsverhältnisses?
- Wo gibt es die spannendsten Predigten?
- Welche Kirche hat den besten Messwein?
- Welche Kirche hat die attraktivsten Werbegeschenke?

Kriege ich vorher von Ihnen schon mal ein paar Tipps?

Mit freundlichen Grüßen

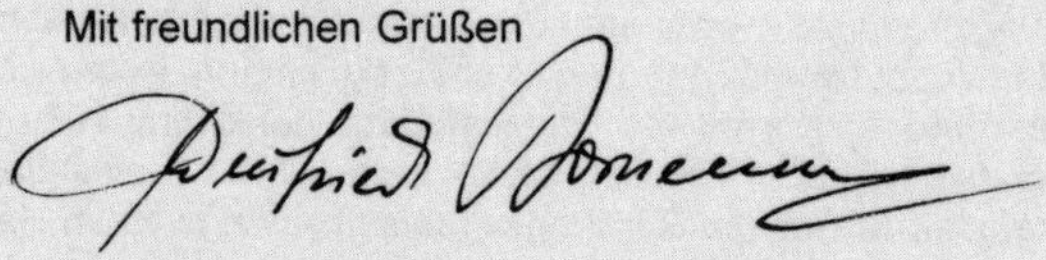

P.S. Da ich schon wieder ein paar Fragen vergessen habe, werde ich wohl auch mal in der Gedächtniskirche vorbeischauen

Lipper Kamp 29 49078 Osnabrück

Die Kommunisten
Franz-Mehring-Platz 1
10243 Berlin

DKP, Fr.-Mehring-Platz 1, 10243 Berlin

Herrn Winfried Bornemann

Lipper Kamp 29
49078 Osnabrück

Berlin, 07. Juni 2004

Lieber Herr Bornemann,

bitte entschuldigen Sie, wenn ich Ihren Brief vom 3. 5. erst heute beantworte und dann auch nur als Pförtner des Vereins.
In den letzten Tagen und Wochen mußte ich Wahlplakate aufhängen und Flugblätter verteilen und das ganz allein, weil sich die Leute vom Vorstand an einen geheimen Ort zurückgezogen haben, um die Revolution vorzubereiten.
Das habe ich aber nur hintenrum erfahren. Mir haben sie nur gesagt, daß es lange dauern kann und ich in der Zwischenzeit alles erledigen soll.
Das fällt mir aber sehr schwer, weil ich nicht konfirmiert worden bin. Das geht mir auch mit Ihren Fragen so. Ich gehe nämlich lieber in meine Kneipe auf einen Korn als in die Kirche zum Wein.
Wenn meine Leute zurück sind, wird Ihr Brief bestimmt schnell beantwortet, weil auch welche darunter sind, die gerne Wein trinken und lange Reden halten.

Mit freundlichen Grüßen

Büropförtner

DEUTSCHES LEHRERGENESUNGSWERK
EINE INITIATIVE ZUFRIEDENER ELTERN

Herrn
Björn Engholm
Jürgen Wullenwewer Str. 9

23566 Lübeck

26.4.2004

Sehr geehrter Herr Engholm,

Wir sind ein Kreis von engagierten Eltern, die täglich hautnah miterleben, wie ihre Kinder in der Schule gefordert und gefördert werden

Sie werden der Diskussion in Presse und Fernsehen entnommen haben, welchen außergewöhnlichen Belastungen Lehrer ausgesetzt sind. Wir Mütter haben im Schnitt 2 Kinder, Lehrer dagegen haben bis zu 29!! Die zahlen vorzeitiger Pensionierungen sprechen für sich.

Man hat hochgerechnet, dass im Jahre 2020 nur noch etwa 20% der jetzigen Lehrer im Dienst sein werden. Alle anderen sind ausgebrannt oder haben den Dienst hingeschmissen.

Wir finden diesen Zustand unhaltbar und haben das Lehrergenesungswerk ins Leben gerufen. die Schirmherrschaft hat dankenswerterweise unser Bundeskanzler übernommen, der ja nicht immer ein ausgewiesener Freund dieses Berufsstandes war. Deshalb freut uns dieses Engagement bei uns besonders.

Wir haben es uns zur Aufgabe gemacht, die Dienstfähigkeit unserer Lehrer möglichst lange zu erhalten. So veranstalten wir z.B. 8- wöchige Kuren im Schuljahr, verbilligte Bildungsreisen und helfen beim Lohnsteuerjahresausgleich und bei der Vorbereitung von Klassenfahrten und Fortbildungsveranstaltungen. Wir stellen 30 Urschreiplätze zur Verfügung.

Dürfen wir Ihren Namen bei einem ganzseitigen bundesweiten Zeitungsaufruf verwenden?

Mit besten Grüßen

W. Hornemann

(W. Hornemann)

P.S. Wenn wir in den nächsten 4--Wochen nichts von Ihnen hören, betrachtenwir dies als Ihr Einverständnis.

Lipper Kamp 29-47 49078 Osnabrück Fax: 0541-4430061

BJÖRN ENGHOLM

3-5-04

Deutsches
Lehrergenesungswerk

Liebe zufriedene Eltern,

welch' eine Freude, endlich einmal von zufriedenen Eltern zu hören; daß es das noch gibt, versüßt mein Alter!

Leider kann ich den Aufruf nicht unterschreiben, denn ich begründe just in diesen Tagen ein

Politiker-Hilfswerk

für geschundene, mißachtete, verkannte und beschimpfte Politiker.

Wenn ein Lehrer 29 Kinder betreut — die Politiker/innen betreuen in einem Wahlkreis bis zu 80.000!!! Schon die nackten Zahlen zeigen, wo die Not extrem und Hilfe dringend erforderlich ist.

Ich denke, daß Sie den Vorrang dieses Projektes vor jenem anerkennen.

Mit bestem Gruß von

[signature]

[redacted]-Str. 9 · D-23566 Lübeck
Tel./Fax 0451 · [redacted] Mobil 0178 · · E-Mail Engholm@[redacted]

Anderes Hilfswerk: Für geschundene, missachtete, verkannte Politiker

Giselda v. Grosse-Tytten geb. Comini

Mitglied der kath. Frauengemeinschaft Osnabrück
urkundlich seit 1217

Herrn MdB
Dirk Nebel
Platz der Republik 1

10557 Berlin

10.5.2004

Sehr geehrter Herr Abgeordneter Nebel,

ich wollte Ihnen früher schon mal schreiben, doch immer kam was dazwischen: erst der Erste Weltkrieg, dann der Zweite Weltkrieg. Umso mehr freut es mich, daß es jetzt endlich geklappt hat.

Ich bin inzwischen 87 Jahre alt und kann die Tageszeitung noch ohne Brille lesen. Allerdings ist manches, was in der Zeitung steht so schlimm, daß ich froh wäre, wenn ich es nicht mehr hätte lesen können. Ein Beispiel sind die aktuellen Arbeitslosenzahlen. Wer hätte denn nach dem Kriege geglaubt, daß wir mal 7 Millionen Arbeitslose haben? Das ist ja fürchterlich.

Natürlich habe auch ich mir Gedanken gemacht, was man dagegen tun könnte. Zeit habe ich ja genug, weil ich kaum noch aus dem Hause komme. Gestern habe ich die ganze Nacht wach gelegen und gegrübelt. Da kam mir eine Idee, die ich sofort aufgeschrieben habe, damit ich sie nicht vergesse.

Alle Arbeitslosen werden per Gesetz zu Beamten erklärt. Diese können ja bekanntlich nicht arbeitslos werden. Problem gelöst.

Manchmal sind die Dinge ganz einfach, man muss nur drauf kommen. Da machen sich täglich Hunderte von wichtigen Leuten in Deutschland Gedanken und keiner kommt drauf.

Ein bißchen stolz bin ich schon. Sehen Sie das auch so?

Bitte schreiben Sie doch mal, wann Sie die Sache dem Kanzler und den zuständigen Herren vortragen wollen.

Mit freundlichen Grüßen

PS. Sie dürfen ruhig so tun, als wenn Ihnen das eingefallen wäre!!

Lipper Kamp 29 49078 Osnabrück
Bankhaus Partin: 213345 (BLZ: 234 501 59)
Familiensitz: Via Dolomiti 39034 Dobbiaco - Dolomiti Alto Adige Italia

Beseitigung der Arbeitslosigkeit: Alle werden Beamte – Problem gelöst

Dirk Niebel
Mitglied des Deutschen Bundestages
Arbeitsmarktpolitischer Sprecher der FDP-Bundestagsfraktion
Vorsitzender der FDP-Landesgruppe Baden-Württemberg

Platz der Republik 1
11011 Berlin

Dienstgebäude:
Jakob-Kaiser-Haus
Dorotheenstr. 101

(030) 227 – 73 409
(030) 227 – 76 409
dirk.niebel@bundestag.de

Bürgerbüro:
Adlerstr. 1/2
69123 Heidelberg
(06221) 83 07 93
(06221) 83 08 58

Internet: www.dirk-niebel.de

Dirk Niebel, MdB · Platz der Republik 1 11011 Berlin

Frau
Giselda v. Grosse-Tytten
Lipper Kamp 29

49076 Osnabrück

17. Mai 2004

Sehr geehrte Frau von Grosse-Tytten,

vielen Dank für Ihren Brief vom 10.05.04, in dem Sie vorschlagen, das Problem der Arbeitslosigkeit durch das Berufsbeamtentum zu lösen. Ich sehe keine Erfolgschance für ein solches Vorhaben. Ein funktionsfähiger öffentlicher Dienst ist eine wichtige Säule unseres demokratischen Rechtsstaats, aber er ist in einem zu hohen Maße verbeamtet.

Ursprünglich sollten einmal nur hoheitliche Aufgaben des Staates durch Beamte ausgeübt werden. Angestellte sind kurzfristig teurer, aber langfristig billiger. Bei Beamten ist es umgekehrt. Sie verursachen darüber hinaus hohe Kosten durch Beihilfen und sonstige Ansprüche. Zudem geht der Beamte heute mit durchschnittlich 56 Jahren in Pension. In den 70er Jahren wurden so viele Mitarbeiter verbeamtet, dass uns in den nächsten 10-15 Jahren ein Versorgungskollaps droht. Wenn Beamte in ihrem Job nicht mehr arbeiten können, müssten sie an einer anderen Stelle eingesetzt werden können. Bund, Länder und Kommunen sollten die Einstellung von Beamten drastisch reduzieren und nicht weiter aufblähen.

Mit freundlichen Grüßen

Den Stillstand überwinden – Ihre Spende für eine bessere Politik!
FDP-Wahlkampfkonto Nr. 23827301, Heidelberger Volksbank BLZ 67290000

Allerbeste Nonsens-Korrespondenz!

Winfried Bornemann, der Briefmacker, hat einer beinahe vergessenen literarischen Gattung neues Leben eingehaucht: Jux- und Nonsensbriefe haben Konjunktur seit Anfang der 80er Jahre, als seine ersten »Briefmacken« erschienen sind und seither millionenfach für Lacherfolg sorgten. Es folgten zahlreiche weitere Bände, allesamt Bestseller!

Mit seinen Briefen an Firmen, Prominente, Sportvereine, Behörden etc. setzte Bornemann Maßstäbe für Real-Satire. Nicht zuletzt haben auch die teils plump-sachlichen oder augenzwinkernd-lustigen Antwortbriefe auf die pointierten Anschreiben ihre komische Note.

Anlässlich des 25. Jubiläums versammelt der Band »Best of Bornemanns Briefmacken. Die wirklich einmalige Nonsens-Korrespondenz« die besten, schrägsten und witzigsten Briefe und Antworten und etwa ein Dutzend bislang unveröffentlichte Rückschreiben!

»Ein Witzbold aus Niedersachsen nervt Behörden und Amtsträger.
Die todernsten Antworten sind zum Lachen.« STERN

»Ein Till Eulenspiegel der Literatur« DIE ZEIT

Aus den Bänden »Briefmacken 1«, »Briefmacken 2«, »Lachende Erben«, »Fehlanzeigen«, »Glanz und Gloria« u. a. m. Mit Briefen von Clint Eastwood, Liza Minelli, Federico Fellini, Sean Connery, Marcel Reich-Ranicki, Udo Lindenberg, Marlene Dietrich, Neil A. Armstrong, The world of Michael Jackson, Jimmy Carter, Reinhard Mey, Reinhold Messner u. a. m.

Winfried Bornemann · Best of Bornemanns Briefmacken
Die wirklich einmalige Nonsens-Korrespondenz
17 x 24 cm, 160 Seiten, Broschur
ISBN 3-8339-4501-X · € 9,90 (D) / € 10,20 (A) / sFr 18,10